KURZE EINFÜHRUNGEN
IN DIE GERMANISTISCHE LINGUISTIK

Band 15

Herausgegeben von
Jörg Meibauer
und
Markus Steinbach

T0145429

GISELLA FERRARESI

Grammatikalisierung

Universitätsverlag
WINTER
Heidelberg

Bibliografische Information der Deutschen Nationalbibliothek

Die Deutsche Nationalbibliothek verzeichnet diese Publikation
in der Deutschen Nationalbibliografie;
detaillierte bibliografische Daten sind im Internet
über *http://dnb.d-nb.de* abrufbar.

ISBN 978-3-8253-6298-0

© 2014 Universitätsverlag Winter GmbH Heidelberg
Imprimé en Allemagne · Printed in Germany
Druck: Memminger MedienCentrum, 87700 Memmingen

Gedruckt auf umweltfreundlichem, chlorfrei gebleichtem
und alterungsbeständigem Papier

Den Verlag erreichen Sie im Internet unter:
www.winter-verlag.de

www.kegli-online.de

Vorwort

Das Thema dieses KEGLI-Bandes sind Grammatikalisierungsphänomene im Deutschen, die in einer einfachen und klaren Form erklärt werden. Die Diskussion in der historischen Sprachwissenschaft reicht bis zum 18. Jahrhundert zurück und ist heute immer noch aktuell, wenn man sich vergegenwärtigt, dass manche Erscheinung in der Jugendsprache oder in der Werbesprache unter dem Stichwort Grammatikalisierung erforscht werden. Deshalb ist die Auseinandersetzung mit diesem Bereich der (historischen) Sprachwissenschaft nicht nur für Studierende der germanistischen und der allgemeinen Sprachwissenschaft, sondern auch für Lehrer sehr wichtig, weil der theoretische Blickwinkel ihnen die Erkennung neuer Phänomene *online* ermöglicht.

Dreihundert Jahre Forschung in hundert Seiten zusammenzufassen ist nahezu unmöglich, deshalb gibt es im ersten Kapitel einen knapp gehaltenen Überblick zu den wichtigsten Begriffen, die in der Grammatikalisierungsforschung relevant sind. Alle weiteren Kapitel sind exemplarisch für das, was unter Grammatikalisierung in verschiedenen grammatischen Bereichen untersucht wird – bei Verben, Nomen, Adjektiven, Konnektoren und Modalpartikeln. Das letzte Kapitel bettet die Diskussion um Grammatikalisierung in einen breiteren Kontext innerhalb einer Sprachwandeltheorie ein.

Eine kurze kommentierte Bibliographie hilft dem interessierten Leser, sich in einige Bereiche weiter einzulesen. In jedem Kapitel werden einige Aufgaben gestellt; Lösungsvorschläge sowie eine ausführlichere Bibliographie finden sich auf der KEGLI-Seite (www.kegli-online.de).

Mein bester Dank gilt zuerst den Reihenherausgebern Jörg Meibauer und Markus Steinbach für wertvolle Anmerkungen. Sie haben mich zu diesem Band angeregt und mit Geduld beim Entstehen dieses Buches unterstützt. Danken möchte ich auch meinen Mitarbeiterinnen Sarah Liebner und Miriam Hildenbrand, die mir durch ihre Kommentare geholfen haben, einige knifflige Punkte mit größerer Klarheit darzustellen. Ich hoffe, dies ist mir gelungen.

Bamberg, November 2013

Inhaltsverzeichnis

1.   Was ist Grammatikalisierung?

1.1 Grammatikalisierung: Begriffsbestimmung

Der Begriff Grammatikalisierung steht in der Forschung für den Sprachwandelprozess, bei dem eine lexikalische Einheit zu einem grammatischen Element wird. Lexikalische Einheiten wie Verben, Nomen und Adjektive sind Wörter, die für Ereignisse, Objekte und Eigenschaften stehen. Sie haben eine lexikalische Bedeutung, deren Repräsentation wir in unserem mentalen Lexikon speichern können. Beim Nomen *Hund* beispielsweise kann sich jeder kompetente Sprecher des Deutschen einen Hund vorstellen, ohne einen konkreten Hund vor Augen zu haben. Genauso weiß beim Verb *essen* jeder, welche Aktivität damit gemeint ist. Dies ist aber bei einem Wort wie *weil* nicht möglich. Die Subjunktion *weil* kann nur in einem konkreten Satz wie *Ich bleibe zu Hause,* **weil** *es regnet* verstanden werden, indem sie eine abstrakte Relation zwischen den beiden Teilsätzen einführt, nämlich eine kausale: Der Grund, warum ich zu Hause bleibe, ist, dass es regnet. Im Grammatikalisierungsprozess entstehen solche Elemente wie *weil*, die eine grammatische Bedeutung haben, oft aus lexikalischen: *weil* hat sich in einem Sprachwandelprozess aus dem Substantiv *die Weile* herausgebildet. Dabei hat das Lexem *Weile* seine lexikalische Bedeutung verloren und zunächst nur die temporale Bedeutung behalten, aus der dann die kausale entstanden ist. Dieser Prozess wird als Grammatikalisierung bezeichnet.

Der Begriff Grammatikalisierung wird zum ersten Mal von dem französischen Sprachwissenschaftler Antoine Meillet in seinem bahnbrechenden Werk *L'évolution des formes grammaticales* (1912) verwendet, aber schon in Humboldt (1822) wird die Vorstellung zum Ausdruck gebracht, dass sich viele grammatische Elemente einer Sprache im Laufe der Sprachgeschichte aus bereits existierenden Elementen entwickeln. Meillet (1912: 131) bezeichnet diesen Prozess als „Le passage d'un mot autonome au rôle d'élément grammatical" (Der Wandel eines autonomen Wortes zu einem grammatischen Element). In jüngster Zeit definieren Hopper und Traugott Grammatikalisierung als

[...] the process whereby lexical items and constructions come in certain linguistic contexts to serve grammatical functions, and, once grammaticalized, continue to develop new grammatical functions. Thus nouns and verbs may change over time into grammatical elements such as case markers, sentence connectives, and auxiliaries. (Hopper/Traugott 1993/2003: i)

Das klassische Beispiel für einen Grammatikalisierungsprozess ist die Entstehung des Futurs im Französischen: Im französischen Futur (1b) sind die Flexionsendungen auffällig ähnlich zu den flektierten Präsensformen des Verbs *avoir* ‚haben‘ (1a):

(1) a. *avoir* ‚haben‘: *j'ai* ‚ich habe‘, *tu as, il a, nous avons, vous avez, ils ont*
     b. Futur: *j'aimer-**ai*** ‚ich werde lieben‘, *tu aimer-**as**, il aimer-**a**, nous aimer-**ons**, vous aimer-**ez**, ils aimer-**ont***

Diese Tempusformen scheinen sich aus der spätlateinische Konstruktion *habere* ‚haben‘ + Infinitiv mit der modalen Bedeutung ‚etwas zu + Infinitiv haben‘ grammatikalisiert zu haben, die von einigen Sprechern als Einheit reanalysiert wurde. Von der Bedeutung ‚etwas zu tun haben‘ zu ‚etwas tun werden‘ ist es nur noch ein kleiner interpretativer Schritt, der offensichtlich im Altfranzösischen stattgefunden hat. Wie ein solcher Prozess vonstattengeht, welche begleitenden Phänomene regelhaft vorkommen und welche kognitiven Mechanismen dafür verantwortlich sind, sind typische Fragestellungen der Grammatikalisierungsforschung. Insbesondere werden in dieser Richtung der historischen Linguistik die Entwicklung von grammatischen Elementen (Bybee et al. 1994 betiteln ihr Buch *The evolution of grammar*) aus lexikalischen untersucht – wie im Beispiel des französischen Futurs. Ein weiterer Forschungsbereich der Grammatikalisierung ist die sogenannte Syntaktisierung, d.h. der Prozess, bei dem aus unterschiedlichen Wortklassen Diskurselemente im weitesten Sinne entstehen wie die Subjunktion *weil* oder die Modalpartikel *schon*, die auch grammatische Elemente sind.

Beobachtbare Tendenzen bei der Entstehung grammatischer Elemente in den verschiedenen Bereichen der Grammatik werden in der Grammatikalisierungsforschung durch die Verbildlichung des ‚Grammatikalisierunspfades‘ erläutert, eines imaginären Weges des Grammatikalisierungsprozesses, der über bestimmte, tendenziell regelhafte Etappen verläuft. Der Grammatikalisierungspfad (im Englischen *cline* ‚Skala‘) wird von Traugott (1989) so beschrieben:

> [...] an arrangement of forms along an imaginary line at one end of which is a fuller form of some kind, perhaps 'lexical', and at the opposite

end a compacted and reduced form, perhaps 'grammatical'. (Traugott 1989: 6)

Nach Hopper/Traugott (1993/2003) stellt der Grammatikalisierungspfad nicht nur die diachrone Entwicklung, sondern auch die synchrone Situation dar: Das Spenderlexem koexistiert mit dem grammatikalisierten Element auf einem Kontinuum, in dem die Grenzen zwischen beiden Elementen fließend sind. In nicht wenigen Fällen sind das Spenderlexem und das grammatikalisierte Elemente Homonyme, d.h. sie weisen die gleiche Form, aber unterschiedliche Funktion bzw. Bedeutung auf. Die Modalpartikel *schon* zum Beispiel, die aus dem Adverb *schon* grammatikalisiert wurde, koexistiert mit dem Adverb. In manchen Sätzen ist keine eindeutige Interpretation möglich, wie im folgenden Satz:

(2)   Er kommt *schon.*

Hier kann *schon* sowohl eine Modalpartikel als auch ein temporales Adverb sein. Um den Satz zu interpretieren, benötigen wir einen größeren Kontext.

Bevor auf die Tendenzen und Mechanismen in der Grammatikalisierung eingegangen wird, soll jedoch geklärt werden, was lexikalische und grammatische Elemente sind.

1.2   Lexikalische und grammatische Elemente, freie und gebundene Morpheme

In den Definitionen von Hopper/Traugott (1993/2003) und Traugott (1989) wird Grammatikalisierung als die Entwicklung eines grammatischen Elements aus einem lexikalischen Element definiert. Um Grammatikalisierung zu verstehen, muss man also diese beiden Klassen genau charakterisieren. **Lexikalische Elemente** sind solche, die die Hauptbedeutung des Satzes tragen und die eine eigene lexikalische Semantik besitzen. Es sind die Kategorien Nomen (N), Verb (V), Adjektiv (Adj) und Adverb (Adv), die als lexikalisch bezeichnet werden. **Grammatische** (oder auch **funktionale**) **Elemente** dienen als verbindende, sogenannte ‚relationale' Elemente und ermöglichen die Interpretierbarkeit der lexikalischen Wörter im Satz. Beispielsweise wird mit einem definiten Artikel wie *der* in *der Hund* u.a. die Information vermittelt, dass es sich um einen bestimmten Hund handelt, d.h. die Entität, auf die sich das Nomen *Hund* bezieht, ist bekannt, also definit. Im Satz in (3) sind die lexikalischen Elemente fett markiert: das Adjektiv *fleißig* und das adverbial verwendete Adjektiv *ordentlich*, die Nomen *Schüler* und *Hausaufgabe* und die Verben *loben* und *machen*. Diese Elemente werden im Satz nicht unverändert benutzt, sondern sie werden nach bestimmten grammatischen Kategorien flektiert. Nomen werden nach Numerus (Singular, Plural) und Kasus (Nominativ, Akkusativ, Genitiv, Dativ), Adjektive nach Genus (Maskulinum, Femininum, Neutrum), Numerus, Kasus und Komparation (Komparativ, Superlativ, Elativ) und Verben nach Person, Numerus, Tempus (Präsens, Perfekt, Plusquamperfekt, Präteritum, Futur, Futur II), Modus (Indikativ, Imperativ, Konjunktiv), Aspekt[1] und Genus verbi (Aktiv, Passiv) flektiert. Die flexionalen Einheiten – die Flexionsendungen von Verben, Substantiven und Adjektiven – sind grammatische Elemente (im Beispiel unterstrichen), aber auch die Definitartikel *der* und *die*, das Personalpronomen *er* sowie die Auxiliarverben *wurde* und *hatte* haben grammatische Bedeutung und sind als grammatische Kategorien zu analysieren:

(3) <u>Der</u> **fleißige Schüler** <u>wurde</u> <u>ge</u>lobt, <u>weil</u> <u>er</u> <u>die</u> **Hausaufgabe<u>n</u>** or-dentlich <u>ge</u>mach<u>t</u> <u>hatte.</u>

Auch die Subjunktion *weil* gehört zu den funktionalen Elementen. Auxiliarverben, Artikel und Subjunktionen sind keine flexionalen Elemente, tragen aber wie diese eine grammatische Bedeutung. Grammatische Informationen können also entweder als **gebundene Morpheme** realisiert werden – wie das Pluralaffix *-n* in *Hausaufgaben* – oder aber sie kommen als **freie Morpheme** vor, d.h. sie können als selbständiges Wort stehen – wie die Auxiliarverben *haben* bzw. *sein* im Perfekt oder der bestimmte und der unbestimmte Artikel – und benötigen kein anderes Element, an das sie angehängt werden. Gebundene Morpheme sind Klitika (d.h. sie lehnen sich an ein Nachbarwort an, wie *'s* in *Wie geht's*) oder Affixe (wie die Flexionsendung *-n* in *Hausaufgaben*). Klitika können aber im Unterschied zu Affixen, die nicht selbständig vorkommen können, sondern immer zusammen mit einem Grundwort stehen müssen, an unterschiedliche Wörter angelehnt sein. Lexikalische Einheiten werden meistens als freie Morpheme realisiert, grammatische hingegen können sowohl als freie als auch als gebundene Morpheme vorkommen. Im Grammatikalisierungsprozess geht mit dem Wandel eines lexikalischen Wortes zu einem grammatischen Element oft auch der Wandel von einem freien zu einem gebundenen Morphem einher. Die phonologische Abschwächung ist aber nicht im-

---

[1] Für das Deutsche ist es umstritten, ob es eine Kategorie ‚Aspekt' gibt. Dieser Punkt wird im Abschnitt 2.3 näher diskutiert.

mer eine Begleiterscheinung im Grammatikalisierungsprozess, wie wir sehen werden. Ein Beispiel: Das Kopulaverb *werden* wurde zu einem passivischen Auxiliarverb (wie in *der Apfel **wird** gegessen*) grammatikalisiert, ohne dass sich die phonologische Gestalt der Verbs *werden* geändert hat. Ein weiterer Punkt betrifft den Wortartenwechsel: In Grammatikalisierungsprozessen findet nicht immer Wortartenwechsel statt. Das Verb *werden* beispielsweise bleibt als Auxiliarverb ein Verb. Wichtig ist also, dass Form und Funktion auseinander gehalten werden.

Die Klassen der grammatischen Elemente sind geschlossene Klassen, d.h. die Mitglieder der Klassen sind begrenzt und selten werden neue Mitglieder aufgenommen. Durch Grammatikalisierung entstehen jedoch neue Klassen grammatischer Elemente (wie die Klasse der Modal- oder der Auxiliarverben). Die Klassen der lexikalischen Elemente sind hingegen offen. Durch die Entstehung neuer Lebensbereiche werden auch neue Wörter kreiert. Man denke nur an den Bereich ‚Technik und neue Medien', für den in den letzten Jahren Nomen wie *Computermaus* oder Verben wie *simsen* geschaffen werden mussten. Auch sind viele lexikalische Wörter im Laufe der Zeit verschwunden, wie zum Beispiel das Nomen *Magd*.

Die Tendenz, dass lexikalische Wörter, die grammatikalisiert werden, oft ihr phonologisches Gewicht verlieren und zu gebundenen Morphemen werden, kann als Grammatikalisierungspfad wie in (4) dargestellt werden:

(4)   Lexikalisches Wort > grammatisches Wort > Klitikum > Flexionsaffix

Auf der linken Seite des Grammatikalisierungspfades steht das lexikalische Wort, das dem Pfad entlang von links nach rechts in verschiedenen Schritten oder Phasen grammatikalisiert wird. Je abstrakter die Bedeutung wird, desto abhängiger ist das grammatische Wort phonologisch. Während das lexikalische und das grammatische Wort noch einen eigenen Wortakzent aufweisen, ist ein Klitikum ein schwach betontes Element, das sich an ein benachbartes Wort ‚anlehnt'. Und schließlich ist ein Affix ein flexionales Element, das nur als Teil eines Verbs, eines Adjektivs oder eines Nomens vorkommen kann und unbetont ist. Dieser Pfad stellt allerdings nur eine Tendenz dar. Es gibt nämlich auch Fälle, in denen ein Grammatikalisierungsprozess nicht bis zum Ende verläuft. Wann also kann man behaupten, dass ein lexikalisches Element grammatikalisiert wurde?

1.3 Parameter der Grammatikalisierung

Lehmann (1982/1995) schlägt ein Raster an Eigenschaften vor, die grammatikalisierte Elemente in unterschiedlichen Graden aufweisen. Diese Eigenschaften nennt er **Parameter**. Bestimmte Parameter werden in der syntagmatischen, andere in der paradigmatischen Dimension realisiert:

(5)   Parameter der Grammatikalisierung nach Lehmann (1982/1995)

	paradigmatisch	**syntagmatisch**
Kohäsion	Paradigmatizität	Fügungsenge
Variabilität	Wählbarkeit	Stellungsfreiheit
Gewicht	Integrität	Skopus

In der paradigmatischen Dimension geht es um Zeichen derselben Klasse. Zum Beispiel gehören der Definitartikel (*der, die, das*) und der Indefinitartikel (*ein, eine, ein*) zum Artikelsystem des Gegenwartsdeutschen. Sie gehören zum selben ‚Paradigma' ((Wort-) Kategorie) und schließen sich deshalb gegenseitig aus – sie können nicht gleichzeitig realisiert werden. Im Grammatikalisierungsprozess wird ein sprachliches Zeichen Teil eines Paradigmas (**Paradigmatizität**) und somit in das System integriert. Dies führt dazu, dass das grammatikalisierte Zeichen distinktiv wird, d.h. es steht in Opposition zu anderen Mitgliedern des Paradigmas und kann nicht frei ersetzt werden (**Wählbarkeit**). Es ist also nicht frei wählbar, ob man den Definit- oder den Indefinitartikel benutzt. Die Paradigmatizität ist eines der Merkmale, die erkennen lassen, wann ein Element grammatikalisiert ist. Vor der Entstehung des definiten Artikels aus dem Demonstrativpronomen waren z.B. Substantive im Deutschen durch andere Mechanismen als definit interpretierbar, wie im folgenden Beleg (s. Kap. 3):

(6)   engil gotes guato
       Engel Gottes guter
       ‚der gute Engel Gottes' (Otfrid III, 4,11)

Im heutigen Deutsch wäre eine Nominalphrase wie in (6) ungrammatisch, da die Verwendung des Artikels – definit oder indefinit – in diesem Fall obligatorisch ist. Nach der Grammatikalisierung des Definit- und des Indefinitartikels und der Herausbildung eines Artikelsystems steht im Deutschen der Definitartikel im Singular in Opposition zum Indefinitartikel. Als weiteres Beispiel dient die Entstehung des Perfekts im Deutschen. Im Althochdeutschen existierte nur eine Vergangenheitsform, das Präteritum. Nachdem die neue Vergangenheitsform Teil des Tempusparadigmas geworden ist, ist es nicht möglich, Perfekt und Präteritum synonymisch zu verwenden (7). Im heutigen Deutsch sind nur die Vergangenheitsformen des Verbs *sein* frei wählbar (8):

(7) a. Die Straßen sind nass, weil es **geregnet hat**.
    b. ??Die Straßen sind nass, weil es **regnete**.
(8) a. Gestern **bin** ich im Kino **gewesen**.
    b. Gestern **war** ich im Kino.

Das grammatikalisierte Zeichen verliert zudem oft an phonetischem oder semantischem Inhalt (**Integrität**). Der aus dem Demonstrativpronomen grammatikalisierte Definitartikel hat im Vergleich zum Demonstrativpronomen die deiktische Bedeutung verloren. Mit einem deiktischen Element weist der Sprecher auf einen Referenten in der Sprechsituation hin. Der Sprecher ist der Bezugspunkt, von dem man ausgeht. Er wird deshalb in Bühler (1934/1999) ‚Origo‘ (wörtl. Quelle, ‚Nullpunkt‘) genannt. Mithilfe einer Geste des Zeigens oder mit sprachlichen Mitteln wie z.B. mit Demonstrativa kann der Sprecher den Hörer auf einen Referenten im Verweisraum hinweisen. Der Definitartikel hat diese deiktische Funktion nicht mehr. Nur bei starker Betonung hat der Definitartikel wieder eine deiktische Bedeutung wie das Demontrativpronomen:

(9) *Der* Mann vs. *dér* Mann (da) / *dieser* Mann / *jener* Mann

Als Beispiel von Verlust an phonetischer Integrität dient die Entstehung des schwachen Präteritums mit dem dentalen Suffix (*suchen – such-t-e*). Es wird angenommen, dass diese Form im Germanischen – ähnlich wie das französische Futur – aus der Verschmelzung der Infinitivform des Vollverbs mit der Präteritalform des Verbs *tun* entstanden ist. Die ursprüngliche Form war eine *tun*-Periphrase, die in manchen deutschen Dialekten heute noch benutzt wird (‚ich tue essen‘). Aus der Periphrase ‚(weil) sie suchen taten‘ in (10) wurde dann ‚sie suchten‘. Der Stern * neben den Formen *sōki-dēd-un und *sōki dēd-un steht für eine rekonstruierte Form, die nicht belegt ist. Die Rekonstruktion wird anhand der flektierten Formen des Präteritums von ‚tun‘ im Gotischen (GOT), Altenglischen (AE) und Althochdeutschen (AHD) aufgezeigt (11a), die den Präteritalformen der schwachen Verben (11b) auffällig ähnlich sind. Nur durch den Vergleich von Daten aus dem Gotischen, Altenglischen und Althochdeutschen ist es möglich, diesen Grammatikalisierungsprozess zu rekonstruieren (Lahiri 2000):

(10) suoch-t-un < *sōki-dēd-un < *sōki dēd-un ‚suchen taten‘

(11) a. Präteritum des Verbs ‚tun'

		GOT	AE	AHD
SG	1, 3	tawida	dyde	teta
	2	tawidês	dydes(t)	tāti
PL	1	tawidêdum	dydon	tātum
	2	tawidêduþ	dydon	tātut
	3	tawidêdun	dydon	tātun

b. Flexionsendungen des schwachen Präteritums

		GOT	AE	AHD
SG	1, 3	-da	-de	-ta
	2	-des	-des	-tos
PL	1	-dedum	-don	-tum/-tōm
	2	-deduþ	-don	-tut/-tōt
	3	-dedun	-don	-tun/-tōn

Wie man aus den gotischen, altenglischen und althochdeutschen *tun*-Verben sieht, verliert das Verb ‚tun' auf dem Weg zu einem Flexionsaffix einen Teil seiner phonetischen Form. Die phonetische Form ändert sich entlang des Pfades in (4) von einem selbständigen Wort zu einem Klitikum und dann zu einem Affix. Semantisch nimmt die lexikalische Bedeutung ab. Das Verb ‚tun' verliert als grammatikalisiertes Flexionsaffix seinen lexikalischen Inhalt, aber die grammatische Bedeutung nimmt zu, indem es als Formativ für eine Tempusform dient. Auf den semantischen Verlust wird im Abschnitt 1.5 näher eingegangen.

Die syntagmatische Achse der Parameterrealisierung ist die lineare Verkettung (d.h. die Kombinierbarkeit) der sprachlichen Elemente (der Phoneme, Morpheme oder Wörter). Auf der syntagmatischen Achse nimmt die **Fügungsenge** (syntagmatische Kohäsion) zu. Dadurch, dass das grammatikalisierte Zeichen zu einem schwachtonigen oder klitischen Element und somit Bestandteil eines lexikalischen Wortes wird, ist die Beziehung zum Wort, an das sich das Klitikum anlehnt oder das Affix sich anhängt, enger. Die **Stellungsfreiheit** ist dadurch ebenfalls begrenzt. Ein Affix hat eine feste Position im Wort. Auch der Geltungsbereich eines grammatikalisierten Elements, der sogenannte **Skopus**, nimmt mit zunehmendem Grammatikalisierungsgrad ab. Die französischen Objektpronomina, die aus dem lateinischen Demonstrativum *ille* ‚jener' entstanden sind und klitisch realisiert werden, haben einen begrenzteren Geltungsbereich als das lateinische Demonstrativum. Im Französischen z.B. kann ein Objektpronomen nicht als Objekt zweier koordinierter Verben verstanden werden (12b):

(12) a. Pierre *les* voit et *les* écoute.

b. *Pierre *les* voit et écoute.
   Pierre sie sieht und hört.
   ‚Pierre hört und sieht sie.'

Aus dem Vergleich mit dem Deutschen kann man den Unterschied erkennen: Im Französischen sind Objektpronomina so eng mit dem Verb verbunden (manche Linguisten analysieren sie als Affixe), dass man sie nicht weglassen kann (12a). Das Objektpronomen muss vor jedem finiten Verb realisiert werden. Nicht so im Deutschen, wo bei mehreren koordinierten Verben nur ein Objektpronomen realisiert werden muss. Ähnliches kann man in der Bildung von Adverbien auf *-mente* im Italienischen und Spanischen beobachten. Im Italienischen (13b) können zwei Adverbien auf *-mente* nicht koordiniert werden – sie können sich das Derivationsmorphem *-mente* nicht teilen. Im Spanischen (13c) ist dies durchaus möglich (Haspelmath 1989: 297)

(13) a. dolcemente e affettuosamente   (Italienisch)
         netterweise und freundlicherweise
     b. *dolce- e affettuosamente
     c. dulce- y afectuosa-mente   (Spanisch)
         netter- und freundlicherweise

Die Aussagekraft der oben erwähnten Grammatikalisierungspfade sowie der Lehmannschen Kriterien ist allerdings durch Gegenbeispiele etwas geschwächt. Traugott (1997) erwähnt z.B. die Deklitisierung von interrogativen Partikeln zu unabhängigen Morphemen. Hopper/Traugott (1993/2003: Kap. 7) diskutieren die Entwicklung von Satzkonnektoren, bei denen der Skopus erweitert wird. Auch die Entwicklung lexikalischer Verben zu Auxiliarverben sieht Traugott (1997) als Skopuserweiterung.

Ein weiteres Problem sehen Detges/Waltereit (2002) darin, dass dieses Modell keine Erklärung für die Faktoren liefert, die Grammatikalisierung verursachen. Nach Hopper/Traugott (1993/2003: 65) bleibt dabei die Rolle des Sprechers vollkommen unberücksichtigt. Diese wird in den Arbeiten von Elisabeth Traugott unter dem Begriff *subjectification* (**Subjektivierung**) behandelt. Subjektivierung ist der mit der Grammatikalisierung zunehmende Bezug zum Sprecher. Deiktische Elemente sind typische Elemente, bei denen der Bezug zum Sprecher als ‚Origo' deutlich ist. Nach Traugott zählen aber auch die Sprechereinstellung oder das Sprecherwissen über einen Sachverhalt dazu sowie die Relation zum Adressaten (das kann der Hörer oder der Leser sein). Die Wichtigkeit dieses Punktes kann erst bei der Diskussion der einzelnen Grammatikalisierungsphänomene richtig verstanden werden. Nur eines kann hier vorweg genommen werden: Die sprachliche Realisierung der Relation zwischen Sprecher und Hörer sowie die Art, wie Informationen und Sprechereinstellungen explizit oder implizit mitgeteilt werden, sind grundlegend, um Grammatikalisierung zu verstehen.

1.4 Phonologische Abschwächung

Im Abschnitt 1.2 ist die phonologische Abschwächung als eine häufige Erscheinung im Grammatikalisierungsprozess schon erwähnt worden. Grammatische Elemente wie Artikel, Auxiliarverben, Pronomina oder Subjunktionen sind oft prosodisch schwach. Im Unterschied zu lexikalischen Elementen tragen sie im Regelfall nicht den Hauptakzent des Satzes. Sie können bei schnellem Sprechtempo teilweise klitisch realisiert werden, wie der Indefinitartikel in (14a), der Definitartikel in (14b) und das Objektpronomen *sie* in (14c):

(14) a. Ich habe im Garten 'nen Hund gesehen.
  b. Ich hab'n Peter getroffen.
  c. Ich habse gesehen.

Viele im heutigen Deutsch existierende funktionale Elemente sind durch Grammatikalisierung entstanden und haben dabei auch ihre phonologische Form geändert.

Am rechten Ende des Pfades in (4) stehen Flexionsaffixe, die am wenigsten phonologisches Gewicht besitzen – wie im Fall des schwachen Präteritums, dessen Flexive aus dem Verb ‚tun' entstanden sind. Die einzelnen Grammatikalisierungsstadien sind nicht schriftlich bezeugt, man kann sie aber aus dem Vergleich der verschiedenen schwachen Präteritalformen in mehreren älteren germanischen Sprachen rekonstruieren (11). Lahiri (2000) rekonstruiert die Anfangsphasen dieses Grammatikalisierungsphänomens wie folgt:

(15) **Phase I**: $[\text{Vinfinitiv}]_w$ + [‚tun' + Vergangenheitsssuffix$]_w$

  Phase II: $[[\text{Vinfinitiv}]_w$ + [‚tun' + Vergangenheitsssuffix$]_{\text{klitisch}}]_w$

  Phase III: $[[\text{Wurzel} + /t/] + [\text{Vergangenheitsssuffix}]_{\text{suff.}}]_w$

In Phase I bildet das Vollverb im Infinitiv zusammen mit der Vergangenheitsform des Verbs ‚tun' eine Periphrase, in der beide Verben ein jeweils distinktes phonologisches Wort bilden. In Phase II wird die Präteritalform des Verbs ‚tun' als klitische Form realisiert. In Phase III schließlich wird der dentale Plosiv des Verbs ‚tun' als Markierung für Vergangenheit und als Teil des Vollverbs reanalysiert. Das Vergangenheitssuffix wird weiterhin als Flexiv benutzt. Wurzel + /t/ + Suffix bilden zusammen ein phonologisches Wort. Die schwache, grammatikalisierte Präteritalform des AHD mit dem Dentalsuffix -*t*- stellt schon Phase III dar.

Verbale Flexionsaffixe entstehen in vielen indoeuropäischen sowie auch nicht-indoeuropäischen Sprachen oft auch aus Personalpronomina entlang eines Pfades, der in (16) dargestellt ist (Siewierska 2004: 262):

(16) Freies Pronomen > schwachtoniges Pronomen > klitisches Pronomen > Affix

Das freie Pronomen, das direkt neben dem Verb steht, wird zunächst schwachtonig, dann klitisch, um letztendlich als Teil der Verbalmorphologie reanalysiert zu werden. Das zeigt sich z.b. im Bairischen. Bairisch hat zwei Serien von Personalpronomen, eine mit volltonigen und eine mit klitischen Pronomina (Bayer 1984: 230, Fuß 2005):

(17)			volltonige Pronomina		klitische Pronomina	
		1	I	/i/	-a, -e	/a/, /e/
		2	du	/du/	-(s)t	/sd/
		3 M.	er, der (dem.)	/er/, /der/	-a	/a/
	SG	3 F.	sie, die (dem.)	/si/, /di/	-s	/s/
		3 N.	es, des (dem.)	/es/, /des/	-s	/s/
		1	mir	/mir/	-ma	/mer/
	PL	2	ihr, es	/ir/,/ɛs/	-(t)s	/ts/
		3	sie, die (dem.)	/si/, /di/	-s	/s/

Die klitischen Pronomina der 2. Person Singular und Plural verhalten sich anders als die der anderen Personen. Sie scheinen zu Verbalsuffixen grammatikalisiert worden zu sein, die an der linken Satzperipherie realisiert werden, und zwar obligatorisch. Sie können nicht durch die volltonigen Pronomina ersetzt werden (Bayer 1984: 252):

(18) a. ob-*st* noch Minga kumm-*st*
,ob du-st nach München komm-st'
b. *ob du noch Minga kumm-st
(19) a. ob-*ts* noch Minga kumm-*ts*
b. *ob es/ihr noch Minga kumm-ts

Die klitischen Pronomina der 2. Person haben eine weitere Besonderheit. Sie können morphosyntaktisch nicht aus den volltonigen Pronomina abgeleitet werden, sondern scheinen eher aus den verbalen Flexionsaffixen entstanden zu sein (Fuß 2005):

(20)   **volltonige Pron.   klitische Pron.   Verbalsuffixe**

2. Sg.   *du*   -*st*   -*st*

2. Pl.   *ihr*   -*ts*   -*ts*

Sie werden in Bayer (1984), Weiß (1998), Fuß (2005) und anderen
als Flexionsaffixe analysiert.
Der Pfad in (16) sowie der in (4) stellen allerdings nur Tendenzen dar. Nicht nur finden wir grammatische Wörter, die als freie
Morpheme vorkommen, wie beispielsweise die Auxiliarverben,
sondern es existieren auch Fälle, in denen der umgekehrte Prozess
stattfinden kann. Im in der Region Connemara gesprochenen Iri-
schen sind die Personalpronomina aus den Flexionsendungen entstanden (Doyle 2002: 68):

(21) a. molfamaid   Frühmittelirisch
          (wir) werden-loben
      b. molfaidh muid   Irisch (Connemara)
          loben-werden wir

1.5   Semantischer Wandel: semantische Abschwächung, pragmati-
      sche Anreicherung, Reanalyse

Zu den Begleitphänomenen von Grammatikalisierungsprozessen
zählt – neben der phonologischen Erosion – auch der Verlust an
semantischem Inhalt, genauer gesagt, an lexikalischer Bedeutung.
Dieses Phänomen wird als *semantic bleaching* (**semantische Abschwächung**) bezeichnet. Die semantische Abschwächung ist
schwierig zu charakterisieren, da das grammatikalisierte Element
nicht bedeutungslos wird. Bei Verben, die zu Auxiliar- oder Mo-
dalverben grammatikalisiert werden, gehen sowohl ihre prädikatio-
nelle Eigenschaft als auch ihre Argumentstruktur verloren: Das
Modalverb *sollen* hat im Unterschied zum Vollverb *sollen* (mit der
Bedeutung ‚jemandem etwas schuldig sein‘), aus dem es sich
grammatikalisiert hat, keinen lexikalischen Inhalt und regiert auch
keine Komplemente mehr. Die Eigenschaften, die bei den lexikalischen Elementen verloren gehen oder beibehalten werden, sind
nicht zufällig: Der semantische Verlust betrifft regelmäßig den de-
skriptiven Inhalt. Nomen verlieren z.B. ihre Referentialität, erhalten bleibt der ‚logische Inhalt‘ (Roberts/Roussou 2003). Im Grammatikalisierungsprozess des Demonstrativums zum Definitartikel
verliert das Demonstrativum seine deiktische Bedeutung und behält
die Funktion, Definitheit zu markieren. Diese Bedeutungskompo-
nente entspricht dem logischen Inhalt, d.h. einer nicht-

lexikalischen, grammatischen Bedeutung, die dazu dient, die lexikalischen Elemente im Satz in einem kohärenten Ganzen miteinander zu verbinden. Dies geschieht durch den Sprecher, der auch als Origo der Bezugspunkt ist. Im Falle des Definitartikels wird dadurch signalisiert, dass es sich um einen spezifischen Referenten handelt, vom dem der Sprecher annimmt, dass er vom Hörer identifiziert werden kann, entweder weil der Referent schon erwähnt wurde, oder weil er aus dem Kontext identifizierbar ist. Auch bei der Grammatikalisierung der Subjunktion *weil* spielt der Sprecher eine wichtige Rolle: Das Substantiv *die Weile*, das man im heutigen Deutsch noch in dem Substantiv *Langeweile* wiederfindet und das auch das Spenderlexem für die Subjunktion *weil* ist, verliert in dieser Funktion die referentielle Eigenschaft, behält aber trotzdem einen Teil der ursprünglich temporalen Bedeutung und gewinnt dazu die satzverknüpfende Funktion. Es ist aber der Sprecher, der die zwei Teilsätze in eine temporale Relation zueinander bringt:

(22) a. so will ich als maere daz übel duon alse daz guote und wil niht guotes tuon, **die wile** ez mich niht hilfet. (Deutsches Wörterbuch , Berth I, 4, 32)
,So will ich lieber das Übel als das Gute tun und will nichts Gutes tun, solange es mir nicht nutzt.'

b. ich sah, **weil** (,solange') ich leb, noch nie ein solch Gesicht. (Cronegk 1,6)

Von der temporalen zur kausalen Bedeutung ist es nur noch ein kleiner interpretativer Schritt, der vom Hörer gemacht wird:

(23) Weil (,solange') du da warst, ist alles schief gegangen.

Dieser Satz erlaubt nämlich auch eine Lesart, in der die Relation zwischen den beiden Teilsätzen kausal ist: ,aus dem Grund, dass du da warst, ist alles schief gegangen'. In ähnlicher Weise hat die Subjunktion *since* im Englischen zu der temporalen die kausale Bedeutung hinzugewonnen (Traugott/König 1991).

Dieser interpretative Schritt ist ein pragmatischer Prozess, der in einer konkreten kommunikativen Situation zwischen Sprecher und Hörer stattfinden kann. Mit dem Begriff *pragmatic strengthening* (**pragmatische Anreicherung**) wird der Beobachtung Rechnung getragen, dass grammatikalisierte Elemente nicht nur einen Teil ihrer Bedeutung verlieren, sondern eine zusätzliche ,pragmatische' Bedeutung hinzugewinnen (Traugott/König 1991: 194, Levinson 2000). In Traugott/Dasher (2002: 34) wird in der von ihnen so genannten *Invited Inferencing Theory of Semantic Change* (Theorie des inferentiellen Bedeutungswandels) zu erläutern versucht, wie die pragmatische Inferenz zu konventionalisierter Bedeutung werden kann. **Inferenzen** sind Schlussfolgerungsprozesse, bei dem aus dem Gesagten mehr erschlossen wird, als darin eigentlich enthalten ist. In der ersten Phase dieses Prozesses weist ein Lexem L eine kodierte Bedeutung M1 (für *meaning*) auf. Zum Beispiel hat das Lexem L *(die) Weile* die Bedeutung M1 ‚Zeitspanne'. In einer konkreten Äußerungssituation kann die Verwendung von L *Weile* in bestimmten Sätzen zu einer pragmatischen Inferenz führen. Solche Inferenzen können wiederholt bei mehreren Hörern zustande kommen, so dass in bestimmten Sätzen mit L eine Konventionalisierung der neuen Bedeutung stattfinden kann. Dies hat in der Reinterpretation von *Weile* als temporale und später als kausale Subjunktion stattgefunden. In einer zweiten Phase wird die konventionalisierte Inferenz in L kodifiziert, das somit ambig ist zwischen der Bedeutung M1 (*Weile* als Substantiv) und der neuen Bedeutung M2 (*weil* als Subjunktion). Wird die inferierte Bedeutung semantisiert, d.h. wird sie Teil der konventionellen Bedeutung eines Lexems L, hat die sogenannte **Reanalyse** stattgefunden. Im heutigen Deutsch sind *Weile* und *weil* zwei unterschiedliche Lexeme mit eigener Bedeutung. Reanalyse findet nach Hopper/Traugott (1993/2003: 50) dann statt, wenn der Hörer eine Sequenz von Lauten, Morphemen oder Wörtern anders segmentiert und interpretiert als vom Sprecher gemeint. Als Beispiel führen die Autoren die Wortbildung des englischen Wortes *hamburger* an. Ursprünglich war dieses Lexem eine Derivation aus *hamburg+er*, die dann als Komposition aus *ham+burger* reanalysiert wurde. Die Reanalyse führt dazu, dass das auf diese Weise neu entstandene Wort in anderen Wortbildungsprozessen benutzt wird, wie beispielsweise *Burger* in den Komposita *fish+burger* oder *cheese+burger*. Ähnlich verläuft nach Hopper/Traugott (1993/2003: 51) auch syntaktische Reanalyse. Sie stimmen Langacker (1977: 58) in der Definition von Reanalyse als Wandel zu, der sich nicht oberflächig zeigt:

> […] change in the structure of an expression or class of expressions that does not involve any immediate or intrinsic modification of its surface manifestation.

Das Wort *Hamburger* ändert sich nicht, es wird nur anders segmentiert. Bei der Reanalyse findet zunächst seitens des Hörers entweder die Umsegmentierung einer sprachlichen Sequenz (wie bei *hamburger*) oder eine Inferenz (wie bei *weil*) statt, die zu einer anderen Interpretation führt als vom Sprecher gemeint. Die Änderung der Struktur, des kategorialen Status und der grammatischen Relationen manifestieren sich aber zunächst nicht abrupt. Nehmen wir als Beispiel folgenden Satz, der zwei mögliche Lesarten hat:

(24)   Ich *bekomme* den Kuchen *gebacken*.
   a.   ‚Ich bekomme den Kuchen in gebackenem Zustand.'
   b.   ‚Jemand backt einen Kuchen für mich.'

Die erste Lesart (24a) ist die originäre Lesart mit zwei Prädikationen: Zunächst wird der Kuchen gebacken, und dann bekomme ich den Kuchen in gebackenem Zustand. In dieser Lesart ist *bekommen* ein Vollverb mit eigener Argumentstruktur (x *bekommt* y). In der zweiten Lesart (24b) backt jemand den Kuchen für mich und dies geschieht in der Gegenwart. In dieser zweiten Lesart, der die neueste, durch Grammatikalisierung entstandene Struktur zugrunde liegt, ist *bekommen* ein Auxiliarverb und die verbale Konstruktion ist passivisch. In der ersten, aktivischen Lesart (24a) ist das Partizip *gebacken* attributiv zu *Kuchen* verwendet, d.h. die Phrase [den Kuchen gebacken] ist das Akkusativ-Objekt von *bekommen*. In der zweiten, passivischen Lesart ist *gebacken* das Vollverb, *bekommen* das Passivauxiliar und [*den Kuchen*] Akkusativ-Objekt von *backen*. Wir können uns die Struktur so vorstellen:

(25)   a.   [Ich bekomme] [den Kuchen gebacken]
       b.   [Ich bekomme den Kuchen gebacken]

Die zwei Lesarten haben oberflächlich die gleiche Struktur. In der Form hat sich nichts geändert, nur der Status von *bekommen* ist ein anderer.

Wie kommt es aber überhaupt zu einer Reanalyse? Wie soll man sich Reanalyse bei erwachsenen, kompetenten Sprechern vorstellen, die sich ohne Weiteres über die Interpretation eines Satzes in ihrer Muttersprache einig sein sollten? Schließlich gelingt Kommunikation im alltäglichen Leben tausendfach, ohne dass ständig neue Strukturen durch Reanalyse entstehen. Und wie wird dann die neue Lesart von einer ganzen Sprechergemeinschaft übernommen?

In der Grammatikalisierungsforschung werden einige kognitive Mechanismen für die Reanalyse verantwortlich gemacht, darunter metaphorische und metonymische Prozesse.

1.6   Kognitive Faktoren: Metapher und Metonymie, Subjektivierung

Eine grundlegende Rolle im semantischen Wandel spielen die **Metapher** und die **Metonymie**. Sie liegen vielen Grammatikalisierungsphänomenen zugrunde, die in unterschiedlichen, auch unverwandten Sprachen nach ähnlichen Pfaden verlaufen. Metaphern[2] basieren nach Heine/Claudi/Hünnemeyer (1991) auf menschlichen kognitiven Mustern, und aus diesem Grund sind sie universell zugänglich.

Eine Metapher ist nach Lakoff/Johnson (1980) eine ‚figure of thought‘ und dient der Kategorisierung von Erfahrungen:

> The essence of metaphor is understanding and experiencing one kind of thing or experience in terms of another. (Lakoff/Johnson 1980: 5)

Bei der Metapher werden Merkmale eines Spenderbereichs (*source domain*) auf den Zielbereich (*target domain*) übertragen. Diese Übertragung basiert auf formalen oder funktionalen Ähnlichkeiten zwischen *source* und *target*. Dies ermöglicht die Strukturierung und Kategorisierung des *target*. Metaphern basieren also auf Vergleichen, bei denen die metaphorische und die wörtliche Bedeutung mindestens eine gemeinsame Eigenschaft haben. Viele zeitliche Präpositionen stammen beispielsweise von lokalen Präpositionen ab. Die Präpositionen *vor* und *nach* in der lokalen Bedeutung beispielsweise werden auf einer imaginären Linie in Bezug auf den Sprecher oder auf einen anderen Punkt interpretiert:

(26)

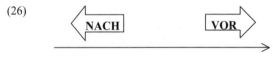

In der temporalen Bedeutung werden *vor* und *nach* metaphorisch übertragen in Bezug auf einen Zeitpunkt auf der zeitlichen Skala.

Nach Heine/Claudi/Hünnemeyer (1991) sind bestimmte kognitive Grundkategorien von Denk- und Wahrnehmungsprozessen sprachübergreifend auch in Grammatikalisierungsprozessen involviert. Es bestehen in den verschiedenen Sprachen außerdem gewisse Tendenzen in Hinblick darauf, aus welchem Bereich eine Metapher entnommen wird. Damit ergeben sich folgende Kategorien, die Heine/Claudi/Hünnemeyer (1991) **kategoriale Metaphern** nennen:

(27) 1. Zeit mit Raumausdrücken
2. Abstraktes mit Konkretem
3. Ursache mit temporalen Ausdrücken
4. Abstrakte Beziehungen mit physischen und konkreten Beziehungen
5. Räumliche Ausrichtungen mit Gegenstandsbezeichnungen bzw. Körperteilbezeichnung

---

[2] Vgl. auch Skirl/Schwarz-Friesel (2007).

Beispiele dafür sind:

(28) 1. Es ist 10 vor 4.
 2. Mir fällt ein Stein vom Herzen.
 3. Seit Maria krank ist, ist Peter depressiv.
 4. Er kämpft gegen die Ungerechtigkeit.
 5. am Fuße des Vesuv

In der Grammatikalisierung von Präpositionen z.B. spielen metaphorische Prozesse eine große Rolle, wie im Falle von *vor* und *nach*.

Während die Metapher zwei unabhängige Bereiche aufgrund von perzeptiven oder funktionalen Ähnlichkeiten in Bezug setzt, resultiert die Metonymie aus der Herausstellung eines Merkmals, das für das Ganze steht (Teil-Ganzes-Relation). Die Metonymie basiert also auf Beziehungen, die real scheinen, wie z.B. zwischen Behältnis und Inhalt, zwischen Institutionen und Mitgliedern, zwischen Ort und Ereignis. Detges/Waltereit (2002) benutzen das Konzept vom *figure-ground* aus der Gestaltpsychologie, um zu erklären, wie metonymische Übertragung stattfindet. Im Bild von Rubins Vase in (29) kommen je nach Perspektive unterschiedliche Formen zutage. Wenn man die weißen Konturen in den Vordergrund rückt, kann man zwei gegenüberstehende Gesichter erkennen. Wenn man hingegen den schwarzen Bereich fixiert, erscheint eine Vase:

(29)

Bei der Metonymie wird ebenfalls ein besonders relevanter Aspekt in den Vordergrund gerückt, und dieser steht für das gesamte Bild. Ein Beispiel für eine metonymische Ersetzung ist:

(30) Ich lese am liebsten Thomas Mann. (Skirl/Schwarz-Friesel 2007: 14)

In (30) steht der Name eines Autors – der hervorgehobene Aspekt – für dessen Werk – das gesamte Bild.

In der Grammatikalisierung spielt Metonymie z.B. bei der Entstehung von Intensifikatoren wie *schrecklich* in *schrecklich traurig* eine Rolle. *Schrecklich* hat hier nicht die Bedeutung von ‚erschreckend‘, sondern von ‚sehr‘. Man kann sich die Entwicklung so vorstellen, dass die Wirkung des Sehr-traurig-seins zunächst im Hintergrund steht; im Vordergrund ist der Sachverhalt des Traurigseins in einem hohen Grad. In einem nächsten Schritt übernimmt die Wirkung die Funktion, den Grad des Traurigseins auszudrücken. Wird diese Bedeutung konventionalisiert, wird *schrecklich* als Intensifikator auch in positiven Situationen benutzt wie *schrecklich lustig*:

(31)

Im Kapitel 4 wird die Grammatikalisierung von Adjektiven zu Intensifikatoren und Intensitätspartikeln näher diskutiert.

1.7 Kontexte und Konstruktionen

Bei der Reanalyse handelt es sich um eine Umverteilung von grammatischen Merkmalen. Das Merkmal Definitheit zum Beispiel, das im heutigen Deutsch durch den Definitartikel realisiert ist, wird im Althochdeutschen durch andere grammatische Mittel wie Kasus und Aspekt ausgedrückt. Dabei spielt aber auch die Vorerwähntheit eine Rolle. Man kann also die Entstehung des Artikels nicht verstehen, ohne die anderen grammatischen und kontextuellen Faktoren zu berücksichtigen.

Himmelmann (1997: 28) betrachtet Grammatikalisierung – in Anlehnung insbesondere an die Arbeiten von Joan Bybee – als ‚Kontextausweitung, d.h. als expansive Veränderung der syntaktischen und semantischen Beziehungen des Grammems'. Ein **Grammem** ist ein grammatisches Zeichen, das unabhängig von der Form für eine bestimmte grammatische Bedeutung steht: Für die Bedeutung ‚Futur' verwendet das Deutsche *werden* + Infinitiv, das Französische hat eine eigene Verbform, das Englische *will* + Infinitiv. Diese sind somit alle Futurgrammeme.

Den Kontextbegriff versucht Heine (2002) zu spezifizieren und beschreibt ein mögliches Szenario für Grammatikalisierung, in dem drei Typen von Kontexten näher unterschieden werden können: *Bridging contexts* (**Brückenkontexte**) begünstigen Inferenzen. Dabei kann eine neue Bedeutung (*target meaning*) inferiert werden, ohne dass die ursprüngliche Bedeutung (*source meaning*) neutralisiert wird. Die neue Bedeutung kann annulliert werden oder aber auch zu einer konventionalisierten Bedeutung führen. Diewald (2002) nennt diesen Kontext ‚untypisch'.

Switch contexts (**Änderungskontexte**) oder ‚kritische Kontexte' (Diewald 2002) ermöglichen die Festlegung einer neuen grammatischen Bedeutung, die mit der alten Bedeutung nicht kompatibel ist und die die einzige mögliche plausible Interpretation bietet.

Conventionalization (**Konventionalisierung**) findet statt, wenn sich die neue Bedeutung durch hohe Frequenz im Gebrauch auf andere Kontexte ausbreitet, die nicht mehr an Inferenzen gebunden sind. In Diewald (2002) wird dieser Kontext ‚isolierend' genannt. Die neue Bedeutung kann gleichzeitig zu der alten im selben Satz vorkommen. In der Tabelle in (32) sind die einzelnen Phasen schematisch dargestellt (Heine 2002: 86):

(32)	Phase	Kontext	Bedeutung
	I. Initiale Phase	unbegrenzt	ursprüngliche Bedeutung
	II. Brückenkontext	Inferenzen	neue Bedeutung Möglich
	III. Änderungskontext	inkompatibel mit der alten Bedeutung	alte Bedeutung hintergründig
	IV. Konventionalisierung	neue Bedeutung unabhängig vom Kontext	nur neue Bedeutung möglich

Ein Beispiel ist der konzessive Konnektor *dabei*, der sich von anderen konzessiven Konnektoren wie *obwohl* und *auch wenn* unterscheidet, weil der Teilsatz mit *dabei* dem anderen Teilsatz nur folgen kann. Der Teilsatz mit *dabei* wird zudem mit fallender Intonation realisiert:

(33)	a.	Karl geht schlafen; *dabei* trägt er einen Schlafanzug.	**I**
	b.	Karl geht schlafen; *dabei* ist er gar nicht müde.	**II**
	c.	Karl geht schlafen; *dabei* geht er um diese Zeit nie schlafen.	**III**
	d.	Karl geht schlafen; *dabei* war er eben noch überhaupt nicht müde.	**IV**

Satz (33a) stellt Phase I dar: *Dabei* hat temporale Bedeutung: Die beiden Situationen werden als gleichzeitig beschrieben. *Dabei* kann in dieser Verwendung auch satzintern stehen. Satz (33b) illustriert Phase II. Hier wird neben der temporalen Bedeutung auch ein Kontrast mitverstanden: Karl geht schlafen, aber er ist nicht müde (normalerweise geht man schlafen, wenn man müde ist). Dieser Satz kann eine konzessive Lesart haben: Karl geht schlafen, obwohl er nicht müde ist. Phase II stellt den Brückenkontext dar, in dem eine neue Bedeutung aufkommt, die mit der alten jedoch noch kompatibel ist (Karl geht schlafen. Zu der Zeit ist er noch nicht müde). In (33b) kann *dabei* noch satzintern stehen, wird aber in dieser Position nur temporal interpretiert. Satz (33c) zeigt den Änderungskontext. Hier sind die alte und die neue Bedeutung nicht mehr kompatibel. Eine temporale Lesart ist nicht wirklich plausibel, die konzessive steht eher zur Verfügung. Schließlich zeigt (33d) die konventionalisierte Bedeutung. Hier ist die temporale Lesart ausgeschlossen.

Die Rolle der verschiedenen Typen von Kontexten wird in den letzten Jahren in der Grammatikalisierungsforschung zunehmend berücksichtigt. In der Diskussion geht es nicht nur um das grammatikalisierte Element, sondern im Mittelpunkt stehen auch Konstruktionen – konventionalisierte Form-Bedeutungspaare –, die in systematischen Verhältnissen zueinander stehen. Deshalb kann man sie systematisch beschreiben und in einem Inventar erfassen. Die *Construction Grammar* (Konstruktionsgrammatik) beschäftigt sich ausschließlich mit Struktur und Funktion von Konstruktionen. Grammatik wird in der Konstruktionsgrammatik als die Erfassung und Analyse des Inventars dieser Paare aus Form und Bedeutung behandelt (Goldberg 1995: 4). Unter Konstruktionen werden solche linguistischen Ausdrücke verstanden, deren Form mit einer bestimmten Bedeutung oder Funktion in Relation steht und deren Gesamtbedeutung nicht aus der Bedeutung der einzelnen Bestandteile abzuleiten ist. Typische Konstruktionen sind Sprichwörter oder Idiome (Skirl/Schwarz-Friesel 2007: 42), deren Bedeutung oder Form sich nicht aus der Kombination der einzelnen lexikalischen Elemente ergibt. Sie bilden eine feste Einheit:

(34) a. jemandem einen Bären aufbinden
      b. eine Kröte schlucken

Bei idiomatischen Ausdrücken können die einzelnen Wörter nicht durch Synonyme oder bedeutungsverwandte Wörter ersetzt werden (*jdm. eine Bärin aufbinden*?? oder *einen Frosch einnehmen*??), sie können auch nicht durch Adjektive oder Adverbien erweitert werden (*jemandem einen gefährlichen Bären aufbinden*?? oder *eine Kröte gerne schlucken*??), ohne dass die Bedeutung sich ändert.

In der Konstruktionsgrammatik werden aber nicht nur idiomatische Ausdrücke zu Konstruktionen gezählt, sondern auch bestimmte grammatische Relationen wie die Argumentstruktur der Verben (d.h. welche Komplemente ein Verb regiert) oder komplexe Präpositionen. Ein Beispiel dafür ist die Grammatikalisierung des

Substantivs *Richtung* als komplexe Präposition in der Konstruktion *in Richtung*. Das Nomen *Richtung* wird im Deutschen als referentielle NP in solchen Sätzen benutzt wie in den folgenden Beispielen (Rostila 2006):

(35) a. Ich bin *in die Richtung* gefahren.
      b. *In der Richtung* gibt es oft Stau.

Die referentielle NP bildet den Ausgangspunkt für die Grammatikalisierung zu einer komplexen Präposition. Durch häufigen Gebrauch wird die NP *in Richtung* in dieser festen Abfolge zu einer komplexen Präposition lexikalisiert – analog zu *infolge* oder *aufgrund*. Sie wird dann nicht mehr in den einzelnen Bestandteilen P + N verarbeitet, sondern als Ganzes. Zeichen dafür ist der fehlende Artikel und die Unmöglichkeit der Modifikation:

(36) a. Ich bin *in Richtung* Koblenz gefahren.
      b. *In Richtung* Frankfurt gibt es oft Stau.

Bei der Entstehung von Konstruktionen spielen Frequenz und der Satzkontext eine wichtige Rolle (Bergs/Diewald 2008).

1.8 Zusammenfassung

In diesem Kapitel wurden vor allem grundlegende Begriffe erläutert. Folgendes wurde besonders behandelt:

- Der Unterschied zwischen grammatischen und lexikalischen Einheiten: Diese Unterscheidung ist wichtig, um zu verstehen, was Grammatikalisierung ist.
- Grammatikalisierung wird als Sprachwandelprozess definiert, in dem eine lexikalische Einheit zu einer grammatischen Einheit wird. Damit verbunden sind oft phonologische, semantische und morphosyntaktische Änderungen wie:
  - Freie Morpheme werden zu gebundenen Morphemen;
  - phonologische Erosion: Das grammatikalisierte Zeichen verliert an phonologischem Gewicht;
  - semantische Abschwächung: Der lexikalische Inhalt rückt in den Hintergrund oder verblasst;
  - oft findet Reanalyse statt: Das Zeichen wird im Satzkontext anders segmentiert als vom Sprecher gemeint, oder
  - es finden Inferenzen statt: Der Hörer versteht die Sequenz anders als vom Sprecher gemeint oder er fügt zusätzliche Informationen (aufgrund von individuellem oder Weltwissen) hinzu.

- In der Grammatikalisierung spielen kognitive Faktoren wie die Tendenz zur Bildung von Metaphern oder Metonymien eine wichtige Rolle.
- Das sprachliche Zeichen wird durch Zeichenbenutzer bzw. Zeichenrezipienten in einer Kommunikationssituation benutzt und interpretiert. Hierbei werden deshalb verschiedene Typen von (Sprach-) Kontexten unterschieden, die den Grammatikalisierungsprozess überhaupt ermöglichen.

Aufgabe 1: Lesen Sie die verschiedenen Definitionen von Grammatikalisierung z.B. in Lehmann (1982/1995:1-8), Diewald (1997:1-11) und Szczepaniak (2011:5-7). Worin unterscheiden sich die verschiedenen Definitionen? Wieso ist es so schwierig, eine genaue Definition der ‚Grammatikalisierung' festzulegen?

Aufgabe 2: Analysieren Sie den folgenden Satz: *Der kluge Student hatte die schwierige Prüfung mit Bravur bestanden.* Welche sind die grammatischen, welche die lexikalischen Einheiten? Werden sie frei oder gebunden realisiert? Welche Schwierigkeit besteht bei der Bestimmung von Präpositionen?

Aufgabe 3:
a) Unterscheiden Sie zwischen Metapher und Metonymie: (i) *Die wirtschaftliche Lage droht dramatisch zu werden*; (ii) *Meine Maus funktioniert nicht mehr*; (iii) *Das Schnitzel will zahlen.*
b) Können Sie sich vorstellen, welche Ähnlichkeitsbeziehung zu dem Metaphernbild geführt haben? Welcher Aspekt ist für die Metonymiebildung relevant gewesen?

Grundbegriffe: lexikalische und grammatische Elemente, freie und gebundene Morpheme, Metapher, Metonymie, phonologische Erosion, semantische Abschwächung, Reanalyse, Inferenzen.

Weiterführende Literatur: Allgemeine einführende Werke zur Grammatikalisierung sind Lehmann (1982/1995), Heine/Claudi/Hünnemeyer (1991), Diewald (1997), Hopper/Traugott (1993/2003), Szczepaniak (2009). Eine kritische Diskussion zur Reanalyse in einem formalen Rahmen (für Fortgeschrittene!) wird in Roberts/Roussou (2003) durchgeführt.

2. Grammatikalisierung im verbalen Bereich

Der verbale Bereich ist nahezu prädestiniert für Grammatikalisierungsprozesse. Tempus, Modus, Aspekt und Genus verbi sind die verbalen Kategorien, die im Laufe der Zeit besonders häufig Veränderungen durchlaufen. Es reicht, nur das Deutsche zu betrachten, um festzustellen, dass in wenigen Jahrhunderten viele wichtige Umstrukturierungen im verbalen Bereich stattgefunden haben. Insbesondere gehen die synthetischen Formen im Gesamtgermanischen – wie in anderen indoeuropäischen Sprachen – verloren und werden durch analytische ersetzt: So bildet sich im AHD z.B. das Perfekt mit den Auxiliarverben *haben/sein* + Partizip II (PII), im MHD das *werden*-Passiv heraus. In jüngster Zeit wird nicht nur in der gesprochenen, sondern auch in der geschriebenen Sprache die sogenannte *am*-Verlaufsform gebraucht, wodurch ein im Verlauf befindliches Ereignis beschrieben wird. In allen verbalen Kategorien spielt der Sprecher eine wichtige Rolle.

Durch die Kategorie Tempus gibt der Sprecher an, ob das beschriebene Ereignis in Bezug auf die Zeit der Äußerung in der Gegenwart, in der Vergangenheit oder in der Zukunft liegt. Die Zeitrelationen im Tempussystem ergeben sich aus der Beziehung von drei Zeitpunkten zueinander (Reichenbach 1947 in Rothstein 2007):

Sprechzeit: der Zeitpunkt, zu dem die Äußerung gemacht wird;
Betrachtzeit: der Zeitpunkt, von dem aus das Ereignis betrachtet wird;
Ereigniszeit: der Zeitpunkt, zu dem das Ereignis stattfindet.

Im Präsens (*Lars schreibt den Brief*) überschneiden sich Sprechzeit, Betrachtzeit und Ereigniszeit. Sowohl das Ereignis als auch die zeitliche Perspektive, von der aus der Sprecher das Ereignis betrachtet, liegen in der Gegenwart (Sprechzeit = Betrachtzeit = Ereigniszeit).

Im Präteritum fallen Betrachtzeit und Ereigniszeit zusammen, und sie gehen der Sprechzeit voraus. Sowohl das Ereignis als auch die zeitliche Perspektive, von der aus der Sprecher das Ereignis betrachtet, liegen in der Vergangenheit (in (1a) *um 12 Uhr* und in (1b) *1945*):

(1) a. Um 12 Uhr schrieb Lars den Brief.
     b. 1945 endete der Zweite Weltkrieg.

Präteritum: Ereigniszeit = Betrachtzeit   Sprechzeit

Im Perfekt geht die Ereigniszeit den anderen zwei Punkten voraus. Das Ereignis, nicht aber die Betrachtzeit, liegt in der Vergangenheit:

(2)   Lars hat gestern den Brief geschrieben.

Perfekt: Ereigniszeit   Betrachtzeit = Sprechzeit

Der Unterschied zum Präteritum liegt also darin, dass im Perfekt das Ereignis von der Gegenwart aus betrachtet wird, im Präteritum hingegen wird das Ereignis von einem Zeitpunkt aus betrachtet, der in der Vergangenheit liegt (*Die Straßen sind nass, weil es geregnet hat*, aber nicht *weil es regnete*).

Im Plusquamperfekt geht die Ereigniszeit (Lars' Schreiben) der Betrachtzeit (gestern um 12 Uhr) voraus, die wiederum der Sprechzeit (jetzt) vorausgeht:

(3)   Lars hatte gestern um 12 Uhr den Brief schon geschrieben.

Plusquamperfekt: Ereigniszeit   Betrachtzeit   Sprechzeit

Tempus ist die Relation zwischen Sprechzeit und Ereigniszeit. Die Relation zwischen Betrachtzeit und Ereigniszeit ist die Kategorie **Aspekt**. Diese Relation wird deutlich, wenn man Plusquamperfekt (3) und Präteritum (1) miteinander vergleicht. Sie unterscheiden sich darin, wie das Ereignis in Bezug auf die Betrachtzeit zeitlich situiert und beschrieben wird. Im Präteritum sind beide Kategorien Tempus und Aspekt im flektierten Verb gleichzeitig ausgedrückt. Die Trennung zwischen Betrachtzeit und Ereigniszeit (Aspekt) wird nur im Plusquamperfekt und im Perfekt realisiert. Mit diesen Verbformen wird das Ereignis als abgeschlossen zur Betrachtzeit (perfektiver Aspekt) beschrieben: in der Vergangenheit (Plusquamperfekt) und in der Gegenwart (Perfekt). Beide Verbformen werden mit dem Auxiliarverb *haben* + Partizip II gebildet. Die flektierten Formen von *haben* im Präsens (in der Perfektbildung) und im Präteritum (in der Plusquamperfektbildung) realisieren Tempus, das Partizip II des Vollverbs den perfektiven Aspekt. Der imperfektive Aspekt wird im heutigen Deutsch durch die *am*-Verlaufsform ausgedrückt.

2.1   Eine neue Tempusform: Die Entwicklung des Perfekts

Im Vergleich zum Indogermanischen sind im Germanischen viele temporale und aspektuelle Oppositionen verloren gegangen. Sprachen wie Altgriechisch und Latein hatten für die Vergangenheit mehrere Tempusformen, die im Germanischen nicht mehr belegt sind. Das Tempusparadigma des Indoeuropäischen wird im Germanischen auf eine binäre Opposition Gegenwart (Präsens) vs. Vergangenheit (Präteritum) reduziert. Im Althochdeutschen existierte für die Vergangenheit nur das Präteritum. In den früheren Texten des Deutschen, meistens Übersetzungen aus dem Lateinischen um 800 n. Chr., werden sowohl das lateinische Perfekt *fuisti* (4a) als auch das Plusquamperfekt *acceperat* (5a) mit dem Präteritum übersetzt (4b und 5b) (Öhl 2009):

(4) a. quia super pauca *fuisti*PERF fidelis / super multa te *constituam* (Vulg: Mt 25,23)
weil über wenige bist-gewesen treu / über viele dich einsetzen-will
,Weil du über wenig treu gewesen bist, setze ich dich über viel.'

b. uuanta thu ubar fohiu *uuari* gitriuui /ubar managu thih *gisezzu*. (Tatian 535, 19-20)
weil du über wenige warst treu über viele dich setzen-will

(5) a. abiit autem qui V talenta / *acceperat* (Vulg, Mt 25, 16)
ist-gegangen aber der der 5 Talente empfangen-hatte
, ... ging aber der, der fünf Talente empfangen hatte ...'

b. ging tho ther thio fimf talenta / *intfing* (Tatian 533, 21-21)
ging da der die fünf Talente *empfing*

Dieses vereinfachte System wird im Laufe der Zeit durch neue periphrastische Konstruktionen ausgebaut. In späteren deutschen Bibelversionen, wie z.B. in der Lutherbibel von 1545, stehen an derselben Stelle Perfekt oder Plusquamperfekt anstatt des Präteritums:

(6) a. Du *bist* über wenigem getreu *gewesen*; ich will dich über viel setzen (Luther)

b. Da ging der hin, der fünf Zentner *empfangen hatte*. (Luther)

In den gleichen althochdeutschen Texten, in denen das lateinische Perfekt mit einem Präteritum übersetzt wird, findet sich auch eine andere Konstruktion, die dem Perfekt sehr ähnlich ist und die aus dem finiten Verb *haben* mit dem Partizip Perfekt (PII) besteht (7b):

(7) a. arborem AKK.F.SG. fici *habebat* quidam *plantatam*AKK.F.SG. in uinea sua (Vulg: Lk 13,6)
Baum Feige hatte jemand gepflanzt in Weingarten seinem

b. phígboumAKK.F.SG. *habeta* sum *gipflanzotan*AKK.F.SG. in sinemo uuingarten (Tatian 341,10-12)
,Einen Feigenbaum hatte jemand, (der war) gepflanzt in seinem Weingarten.'

Diese Konstruktion ist allerdings noch nicht als Perfekt zu analysieren. Das Partizip ist ein deverbales Adjektiv, das wie ein Adjektiv flektiert. In diesem Satz ist das adjektivische Partizip *plantatam* in Genus, Numerus und Kasus mit dem Substantiv *arborem* (Femininum, Singular, Akkusativ) kongruent. Das Verb *haben* ist noch das Vollverb mit der Bedeutung ,besitzen' und der Argumentstruktur *x hat y*. Der lateinische Text hat eine vergleichbare Konstruktion (7a). (7b) hat die Bedeutung: ,Jemand hatte einen Feigenbaum, der gepflanzt ist'. Das Partizip verleiht der Konstruktion eine resultative

Lesart, d.h. der Feigenbaum ist im Zustand des Gepflanztseins, nachdem er eingepflanzt worden ist. Das Ereignis ,Einpflanzen' hat schon stattgefunden, und als Resultat ist der Feigenbaum gepflanzt. Der Satz in (7b) enthält somit zwei unterschiedliche Prädikationen, zum einen das Pflanzen des Baumes und zum anderen das Besitzen dieses Baumes in gepflanztem Zustand, wie folgende Klammerdarstellung zeigt:

(8) *habeta* sum$_i$ [[phígboum]$_{NP}$ [PRO$_{j/i}$ [*gipflanzotan*]$_{AdjP/V}$]$_{SC}$]$_{VP}$

Sprechzeit: Gegenwart	-
Betrachtzeit: Vergangenheit	-
Ereigniszeit: Vergangenheit	Ereigniszeit: Vergangenheit
Subjekt: 3. Pers. Sing. (,er')	Agens: PRO

Das PII *gipflanzotan* hat im Unterschied zum flektierten Verb *habeta* keine temporale Struktur. Die Sprechzeit ist demzufolge nicht realisiert. Die Bedeutung ist nur eine aspektuelle: Das Ereignis ist abgeschlossen und liegt vor der Betrachtzeit. Deshalb kann der Satz so verstanden werden, dass der Zustand des Gepflanztseins das Resultat eines vorangegangenen Ereignisses des Einpflanzens ist. Das PII wird wie ein adjektivisches Attribut flektiert, ist aber kein Attribut und bildet auch keine Nominalphrase mit dem N *phígboum*, sondern ist ein verkürzter Satz (sog. *small clause,* SC) mit einem nicht realisierten Subjektpronomen (PRO) (Abraham 2000a). Das nicht-realisierte Subjektpronomen PRO kann sich entweder auf das Subjekt des Verbs *haben*, d.h. auf *sum* ,jemand' beziehen (und den gleichen Index i wie *sum* haben) oder auf einen anderen Referenten (dargestellt durch Index j). Wenn PRO sich auf *sum* bezieht, ist *sum* auch derjenige, der den Feigenbaum gepflanzt hat. Wenn PRO sich auf einen anderen Referenten bezieht, ist der Feigenbaum von jemand anderem gepflanzt worden.

Im heutigen Deutsch existiert eine vergleichbare Struktur, anhand derer man sehen kann, wie das Perfekt sich aus einer Konstruktion wie (8) grammatikalisiert hat. Satz (9a) hat nämlich zwei Lesarten und auch zwei unterschiedliche Strukturen (Hole 2002):

(9) a. Ob Paula ihre Haare gefärbt hat?
     b. Ob Paula$_i$ [[die Haare [PRO$_{i/j}$ gefärbt]$_{AdjP}$]$_{SC}$ hat]$_{VP}$?
     c. Ob Paula [die Haare gefärbt$_V$ hat$_{AUX}$]$_{VP}$?

Satz (9b) hat eine präsentische Bedeutung. Paula trägt die Haare in einem gefärbten Zustand. Die präsentische Bedeutung wird durch die Präsensform von *haben* realisiert. Das Partizip *gefärbt* ist ein verkürzter Satz (SC, *small clause*) mit resultativer Bedeutung, weil es das Resultat eines vorangegangenen Ereignisses ist. Das implizite Subjekt des Partizips (PRO) kann – aber muss nicht notwendigerweise – so interpretiert werden, dass es mit dem Subjekt des Verbs *haben* identisch ist, d.h. *Paula* (Index i). Paula kann ihre Haare selbst gefärbt haben oder jemand anderen haben färben lassen (Index j). In (9b) ist die temporale Bedeutung des Perfekts realisiert. Die Relation zwischen Ereigniszeit und Betrachtzeit (Aspekt) ist durch das PII realisiert, die Tempusmerkmale werden aber durch das flektierte *haben* getragen, nämlich die Relation zwischen Sprechzeit und Ereigniszeit, die in der Gegenwart zusammenfallen.

In solchen ambigen Kontexten, in denen die Interpretation des PII das Merkmal [+Vergangenheit] erlaubt, kann Reanalyse stattgefunden haben. Sätze wie (8) dienen als Brückenkontext (oder kritischer Kontext) (Heine 2002, Diewald 2002). Das PII enthält eine perfektivische Komponente und bewirkt, dass der ganze Satz als [+Vergangenheit] interpretiert wird. Das Verb *haben* wird als Auxiliarverb für die Vergangenheit reinterpretiert und zusammen mit dem PII, das schon eine perfektivische Komponente in sich trägt, zu einer Periphrase für das Vergangenheitstempus reanalysiert. Die zwei Verben ergeben so zusammen die Bedeutung [+Vergangenheit]. Wie oben schon erwähnt, drückt das flektierte Auxiliarverb *haben* Tempus aus, während das PII den perfektiven Aspekt realisiert. Das Subjekt von *haben* und das Agens von PII haben im Perfekt den gleichen Referenten.

Die verschiedenen Grammatikalisierungsschritte finden graduell statt. Zunächst wird diese Konstruktion mit transitiven Verben gebildet: Diese haben telische Bedeutung, d.h. es wird ein Ereignis mit einem Endpunkt beschrieben (wie *gepflanzt*). Das Subjekt von *haben* ist in dieser Phase nur [+belebt].

Erst ab Notker dem Deutschen (~1000 n. Chr.) findet sich mit *haben* das PII von Verben, die kein Akkusativobjekt regieren (Öhl 2009):

(10) a. tar *habet* si imo *geantwurtet* sinero frago$_{DAT}$ (Notker I, 284, 26)
          ‚Da hat sie ihm auf seine Frage geantwortet.‘
      b. so *habet* er *gelogen* (Notker I, 544,29)
          ‚So hat er gelogen.‘

Auch unbelebte Subjekte werden zunehmend mit *haben* + PII realisiert.

Im MHD wird allerdings noch das Präteritum anstelle des Perfekts als Vergangenheitstempus benutzt (Paul 2007[25]: 290):

(11) ichn *kom* nie her durch iuwer leit (Iwein 6116)
      ich nicht kam hierher wegen euer Leid
      ‚Ich bin nicht hierher gekommen, um euch Leid anzutun.‘

Gleichzeitig entwickelt sich analog zu *haben* + PII die Perfektkonstruktion mit dem Verb *sein*, das im AHD mit intransitiven Verben zu finden ist. Wenn es flektiert wird, kongruiert das PII in dieser Konstruktion mit dem Subjekt von *sein*:

(12) After thiu thô *argangana*ₙ.ₘ.ₚₗ *uuarun* / ahtu taga_{N.M.PL} (Tatian 89, 6-7)
Nach dem da vergangene waren acht Tage.
‚Danach waren acht Tage vergangen.'
Et postquam consummati sunt / dies octo

Auch die Konstruktion *sein* + PII hat in Isidor (Ende 8. Jh. n. Ch.), Otfrid (ca. 865) und später noch in Notker eine präsentische Bedeutung. Sie drückt einen Zustand aus, der in der Sprechzeit besteht. Der Zustand des Subjekts ist das Ergebnis eines vorausgegangenen Vorgangs, d.h. die Änderung hat schon stattgefunden. Im heutigen Deutsch existiert noch die Konstruktion *sein* + adjektivisches PII (13): Diese ist nur mit transitiven Verben möglich, die eine resultative oder stative Bedeutung haben, wie die ursprüngliche Konstruktion im AHD. Verben, die nicht stativ oder resultativ sind, sind in dieser Konstruktion nicht akzeptabel (14a-c) (Schlucker 2009):

(13) a. Die Saison ist eröffnet.
b. Er ist von Soldaten umringt.
(14) a. ?Die Statue ist berührt.
b. ?Der Film ist gesehen.
c. ?Die Katze ist gestreichelt.

Dass es sich um die Kopula *sein* und nicht um das Auxiliarverb *sein* handelt bzw. dass das PII adjektivisch verwendet wird, zeigt auch die Art der Negierung von PII. Dieses wird nämlich mit dem Präfix *un-* negiert, das das typische Negationssuffix für Adjektive ist (Maienborn 2007):

(15) Der Brief ist *un*geöffnet.

Die Negation *un-* mit den Partizipien findet sich auch bei Notker:

(16) uuanda der *habet* sie **un**gelirnet der sie ne-tuôt (Notker 118, 135)
denn der hat sie ungelernt der sie nicht-macht
‚Denn der vergisst sie, der sie nicht macht.'

Die Verwendung des Präteritums in der Bedeutung des Plusquamperfekts hält sich noch länger: In Isidor wird nach Behaghel (1924: 287) das Plusquamperfekt des Lateinischen stets als Präteritum übersetzt, und auch bei Notker überwiegt das Präteritum.

Der Infinitiv Perfekt ist ebenfalls erst ab dem 12. Jh. belegt (Paul 2007[25]: 293).

Nach der Etablierung der Konstruktion *haben/sein* + PII im temporalen Paradigma mit verschiedenen Subjekten und auch im Passiv wird das Tempussystem im Deutschen für die Vergangenheit so ausgebaut:

(17) VERGANGENHEIT
Plusquamperfekt
Präteritum
Perfekt

Perfekt und Präteritum teilen sich die Funktion, Vergangenheit auszudrücken. Allerdings hat das Perfekt durch die Betrachtzeit einen Bezug zur Gegenwart (deshalb wird es auch als Präsens Perfekt bezeichnet), während das Präteritum eine abgeschlossene Handlung in der Vergangenheit bezeichnet, die keine Wirkung in der Gegenwart hat (Rothstein 2007).

2.2 Die Entstehung des Passivs

Parallel zur Entstehung des Perfekts und zur Reanalyse der Verben *haben* und *sein* als Auxiliarverben entstehen die passivischen Periphrasen mit *werden* und *sein* + PII. Das erste wird als **Vorgangspassiv** bezeichnet und durch die flektierten Formen des Verbs *werden* + PII gebildet (z.B. *das Auto wird verkauft*). Das zweite wird **Zustandspassiv** genannt und mit *sein* + PII (z.B. *das Fenster ist geöffnet*) gebildet.

In den älteren indoeuropäischen Sprachen wie Latein oder Altgriechisch existierte eine synthetische Verbform, das sogenannte Mediopassiv, um die passivische Bedeutung auszudrücken. Diese synthetische Passivform ist schon in den älteren germanischen Sprachen weitgehend verschwunden, nur im Gotischen finden sich einige Überbleibsel davon. Anstelle der synthetischen passivischen Form entstehen zwischen dem Alt- und dem Mittelhochdeutschen die periphrastischen Passivkonstruktionen mit *werden* und *sein* + PII. Das Rezipientenpassiv (*bekommen* + PII) ist erst ab dem Frühneuhochdeutschen belegt und scheint noch nicht vollständig grammatikalisiert zu sein, zumindest nicht mit allen drei Auxiliarverben *bekommen/kriegen/erhalten* im gleichen Maße. Diese Passivkonstruktion wird in diesem Band nicht weiter berücksichtigt (Diewald 1997).

Das Verb *werden* (ahd. *uuerdan*, got. *wairþan*, anord. *verđa*) ist ein polyfunktionales Verb. Leiss (1992: 254) bezeichnet es in seiner Auxiliarfunktion als ‚chamäleonartiges Auxiliar‘.

In seiner ursprünglichen Bedeutung hat *werden* eine dynamische Komponente, indem es die Bedeutung ‚geschehen, entstehen' wiedergibt (Kotin 2000):

(18) a. *Uuard* thô thaz arfuorun fon in / thie engila in himil (Tatian 87, 16-17)
ward da, dass fortfuhren von ihnen die Engel in Himmel
‚Es geschah dann, dass die Engel von ihnen (den Hirten) sich (wieder) in den Himmel erhoben.'
Et factum ut discesserunt ab eis / angeli in caelum

b. ube aber îeht *uuírdet* âne úrsprung taz *ist uuórten* fone nîehte (Notker 1, 307, 10)
wenn aber etwas wird ohne Ursprung, das ist worden von nichts
‚Wenn aber etwas ohne Ursprung entsteht, so ist es aus nichts entstanden.'

Das Verb *werden* in seiner Vollverbfunktion beinhaltet eine Veränderung. Diese tritt auch in der Bedeutung des Kopulaverbs auf (Kotin 2000):

(19) Kind *uuarth* her faterlôs. (Ludw. 3-4)
Kind ward er vaterlos.
‚Als Kind verlor er seinen Vater.'

Das Kopulaverb *werden* unterscheidet sich von *sein* (*ist vaterlos* vs. *wird vaterlos*) darin, dass mit *werden* der Prozess, durch den der neue Zustand erreicht wird, und mit *sein* der erreichte Zustand selbst beschrieben wird.

Neben der Vollverb- und der Auxiliarfunktion werden sowohl *sein* als auch *werden* mit PII benutzt. Allerdings werden *sein* + PII (20a) und *werden* + PII (20b) mit **atelischen Verben** (d.h. Verben, die Vorgänge oder Zustände bezeichnen, die keinen ‚natürlichen Endpunkt' beinhalten wie *denken* oder *heißen*) bis ins späte MHD weitestgehend synonymisch gebraucht:

(20) a. therde mih minnot / ther *ist giminnot* fon minemo fater (Tatian 571, 9-10)
der-der mich liebt der ist geliebt von meinem Vater.
‚Der mich liebt, der wird geliebt von meinem Vater.'

b. giloubi kind, thanne *uuerdent* thir *furlazano*$_{\text{NOM. F. PL.}}$/
thino sunta$_{\text{NOM. F. PL}}$ (Tatian 193, 13-14)
glaube, Kind, dann (denn) werden dir vergebene
deine Sünden
‚Glaube, Kind, dann werden dir deine Sünden vergeben.'
Confide, fili, remittuntur tibi peccata tua

Wie *sein* + PII ist auch *werden* + PII eine Prädikativkonstruktion. Das PII wird adjektivisch flektiert und kongruiert mit dem Subjekt von *werden*. Die Bedeutung von (20b) ist: ‚Deine Sünden werden dir zu vergebenen (Sünden)‘.

Mit **telischen Verben** (d.h. Verben, die Vorgänge oder Zustandsveränderungen bezeichnen, die einen Endpunkt beinhalten wie *ankommen* oder *sinken*) unterscheiden sich die beiden Konstruktionen jedoch darin, dass *werden* + PII (21b) einen Übergang in einen neuen Zustand (Zustandswechsel) beschreibt, während *sein* + PII (21a) einen Zustand als Resultat eines Wechsels ausdrückt:

(21) a. dâ*st* mêr *gewunnen* denne *verlorn* (Parzival 7, 359, 28)
          ‚Da ist mehr gewonnen denn verloren.‘
      b. so en*wirde* ichs anders niht *erlost*. (Lieder Walthers von der Vogelweide 71, 35)
          so nicht werde ich es anders nicht erlöst
          ‚So werde ich davon nicht anders erlöst.‘

Die Verben *werden* und *sein* haben eine vergleichbare Argumentstruktur (Abraham 2000b) und sind gut geeignet, zu Auxiliarverben für Passivkonstruktionen grammatikalisiert zu werden. Wenn *sein* und *werden* mit PII eine Verbperiphrase bilden, erben sie das Subjekt des Vollverbs.

In der althochdeutschen Konstruktion (20b) ist das PII das Prädikativ zum Subjekt (*sunta*) des Verbs *werden*. Mit einem PII eines transitiven Verbs wird kein Agens (der Handelnde), der im Aktivsatz das Subjekt ist, sondern nur das Patiens (der vom Geschehen Betroffene), das im Aktivsatz das Objekt ist, realisiert. Das wird deutlich, wenn man das PII attributiv benutzt. Das PII kann nur attributiv zum Patiens (vergebene Sünden), aber nicht zum Agens (*vergebener Gott) gebraucht werden:

(22) a. Unser Gott hat die Sünden vergeben.
          AGENS   PATIENS
      b. Die vergebenen Sünden vs. *unser vergebener Gott

Sunta kann aus diesem Grund als Objekt des Verbs *vergeben* verstanden werden, weil das Agens im PII nicht realisiert wird und das PII sich nur auf das Patiens bezieht:

(23) *uuerdent* thir [[*furlazano*]~AdjP~ [thino sunta]~NP~]

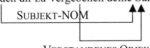

Um von dieser Interpretation zu einer passivischen zu kommen, bedarf es lediglich eines kleinen Schritts, insbesondere dann, wenn das PII nicht mehr flektiert und wenn es nicht mehr als Prädikativ verstanden wird. Daraus bildet sich eine komplexe Verbperiphrase mit einer passivischen Bedeutung, die sich auf ein einziges Ereignis bezieht.

Das Perfekt des *werden*-Passivs (*ist* + PII + *worden*) bzw. das Plusquamperfekt (*war* + PII + *worden*) ist zunächst im 13. Jh. zwar belegt, wird aber erst Mitte des 17. Jh. vollständig Teil des Paradigmas (Ebert et al. 1993: 418). Das Plusquamperfekt im Konjunktiv findet man zum ersten Mal im frühmittelhochdeutschen *Denkmal Anegenge* (aus dem Jahr 1180):

(24) ê iht geschaffen waere worden (Denkmal Anegenge 6):
      ,ehe etwas geschaffen worden wäre'

Der Plusquamperfekt Indikativ Passiv ist zum ersten Mal in Wolframs Parzival (Anfang 13. Jh.) belegt:

(25) daz Gahmuret geprîset vil /was worden dâ (Wolfram von Eschenbach aus Ebert 1978: 61 f.)
      ,dass Gahmuret da viel gepriesen worden war'

Seit dem 16. Jh. haben die beiden Konstruktionen (*sein* + PII und *werden* + PII) unterschiedliche Bedeutung: *Werden* + PII bezeichnet eine Änderung von einem Zustand in einen anderen, *sein* + PII drückt die resultative Bedeutung aus. Erst da sind auch die Futurformen des Passivs belegt:

(26) Als denn *werden* der blinden augen *auffgethan werden* (Luthers Bibel 1545, Jesaia 35, 5)
      ,Denn dann werden der Blinden Augen aufgetan werden.'

Dieser Grammatikalisierungsprozess kann erst im 17. Jh. als abgeschlossen angesehen werden

2.3 Änderungen im Aspektsystem: Verlaufsformen und Absentiv

Neben dem Tempusbereich ist auch Aspekt eine verbale Kategorie, die in verschiedenen Sprachen grammatikalisiert wird. Wie oben schon gesehen, ist Tempus die Relation zwischen Sprechzeit und Ereigniszeit, Aspekt ist die Relation zwischen Ereigniszeit und Betrachtzeit. Die Betrachtzeit kann die Ereigniszeit inkludieren (**perfektiver Aspekt**) oder von ihr inkludiert werden (**imperfektiver oder progressiver Aspekt**[3]). Für das Deutsche ist umstritten, ob eine Kategorie Aspekt überhaupt existiert – im Unterschied zum

---

[3] Der Begriff ,imperfektiv' stellt die Unabgeschlossenheit, der Begriff ,progressiv' das Fortdauern des Ereignisses in den Vordergrund.

Englischen, das ein grammatikalisiertes Aspektsystem hat. Im Englischen ist die Verwendung von *present progressive* und *simple present* nicht beliebig. Die beiden Formen stehen in Opposition zueinander:

(27) a. I *am eating* / *eat* an apple now.
　　 b. I *eat* / *am eating* an apple every day.

Wie im Kapitel 1, Abschnitt 1.3 besprochen, ist die Paradigmatisierung ein Hinweis für ein fortgeschrittenes Grammatikalisierungsstadium. Paradigmatisierung führt auch dazu, dass das grammatikalisierte Element nicht frei wählbar oder ersetzbar ist, sondern es steht in Opposition zu den anderen Mitgliedern des Paradigmas. Die Relation der Opposition zwischen *present progressive* und *simple present* im Englischen (27) zeigt, dass die *progressive*-Formen im Englischen Teil des verbalen Paradigmas sind.

Im Deutschen sind die Verlaufsformen (28b-f) nicht obligatorisch. In fast allen Fällen können sie durch die einfache Tempusform des Präsens (28a) ersetzt werden:

(28) a. Ich arbeite.
　　 b. Ich bin am arbeiten.
　　 c. Ich bin arbeiten.
　　 d. Ich bin beim Arbeiten.
　　 e. Ich bin dabei zu arbeiten.
　　 f. Ich arbeite gerade.

Die Form in (28c) wird **Absentiv** genannt, weil der Sprecher damit die Abwesenheit des Subjektreferenten vom Ausgangsort ausdrücken will: Der Subjektreferent ist in der Sprechzeit abwesend und auch nicht sichtbar (Vogel 2007). Der Ausgangsort gehört zum Verweisraum der Origo: Er beinhaltet die Bezugsperson, meistens den Sprecher, die Bezugszeit oder den Bezugsort, von deren Perspektive aus das Ereignis betrachtet und beschrieben wird.

Die *am*-Verlaufsform (28b) wird in der grammatischen Literatur als kolloquial bezeichnet und teilweise auch ‚rheinische Verlaufsform' genannt, weil sie angeblich in diesem Dialekt besonders häufig vorkommt (29a) oder dort entstanden ist. Aber auch im Niederdeutschen (29b) und in anderen germanischen Sprachen wie im Niederländischen (30) wird eine vergleichbare Konstruktion benutzt:

(29) a. D'r Pitter is Näl am erinkloppe
　　　 ‚Peter ist Nägel am hineinschlagen.'
　　 b. ... de chanze Klasse de was den oll an Lachen över iusen Direkter
　　　 ‚Die ganze Klasse war am Lachen über unseren Direktor.'

(30) Ze is aan het koken (Ebert 2000: 608)
      ‚Sie ist am kochen.'

Die *am*-Verlaufsform wird inzwischen nicht nur in der gesprochenen, sondern auch in der geschriebenen Sprache gebraucht:

(31) Die SVP ist schweizweit auf dem Vormarsch. [...] Auch in Gossau ist
      die zarte SVP-Pflanze *am Aufblühen*. (*St. Galler Tagblatt*, 12.12.1998)

In den historischen Grammatiken wie Grimms *Deutsche Grammatik* oder Behaghels *Deutsche Syntax* wird die *am*-Verlaufsform nicht erwähnt, und auch in den Wörterbüchern von Paul, Grimm/Grimm oder Adelung wird unter *an* der Gebrauch mit dem Infinitiv nicht aufgelistet. In allen historischen Grammatiken ist aber von einer progressiven Form die Rede, die aus dem Verb *sein* mit dem Partizip Präsens (PI) besteht, wie in (32) aus Otfrid:

(32) *íst* er ouh fon júgendi filu *fástenti* (Otfrid I, 4,34)
      ist er auch von Jugend an viel fastend
      ‚Er fastet von Jugend an streng.'

Durch diese Konstruktion wird die Handlung als im Verlauf befindlich beschrieben, oder als habituell (in einigen Belegen gibt sie das lateinische Futur wieder).

   Durch Abschleifung der dentalen Endung des Partizips I entsteht aus dem Partizip I eine Form mit der Endung -*en*, die dem heutigen Infinitiv ähnlich ist, die aber weiterhin die progressive Bedeutung beibehält. Beide Formen finden sich bis zum 15. Jh., bei manchen Autoren gleichzeitig mit der gleichen Bedeutung, wie in den Beispielen (33a) und (33b):

(33) a. Guoten wein und die speise, der ich teglich *nießent pin* (Kaufringer,
          Gedichte VIII, 422, ca. 1400)
          ‚... guten Wein und die Speise, die ich jeden Tag genieße.'
      b. Aber das guot und den gewin, der ich geleb und hie *pin nießen*, das
          sol ewch doch nit verdrießen (Kaufringer, Gedichte IV, 149 ca. 1400)
          ‚Aber das Gut und den Gewinn, die ich erlebe und genieße, das soll
          euch nicht verdrießen.'

Obwohl *pin nießen* in (33b) dem Absentiv formähnlich ist, hat es wie (33a) eine rein progressive und keine absentive Bedeutung: Das Ereignis wird in seinem Verlauf beschrieben.

   Diese Analyse wird dadurch gestützt, dass unbelebte Subjekte mit dieser Konstruktion möglich sind, wie (34a) zeigt: Unbelebte Subjekte können sich nicht vom Verweisraum entfernen. Es handelt sich hier wie in (33b) um die aus dem Partizip I entstandene Form mit rein progressiver Bedeutung und nicht um den Absentiv. Im heutigen Deutsch wäre ihre Entsprechung ungrammatisch (34b):

(34) a. darein das waßer *rinnen war* (Sachs, Geistliche und weltliche Lieder
II, 4,47)
b. *Das Wasser ist fließen.

Wie ist also der Absentiv entstanden? Zwei Möglichkeiten bieten
sich an: Zum einen könnte man annehmen, dass die Konstruktion
sein + Infinitiv wie in (33b) oder in (34a) mit progressiver Bedeutung zusätzlich die absentive Bedeutung neu angenommen hat; die
zweite Möglichkeit wäre, dass der Absentiv aus einer gänzlich anderen Konstruktion entstanden ist.

Eine Hypothese, die in der Fachliteratur (z.B. in Grimms *Deutsche Grammatik*) vorgeschlagen wird, ist, dass *sein* + Infinitiv mit
absentiver Bedeutung aus Sätzen entstanden ist, in denen ein Bewegungsverb getilgt wurde wie in ,Er ist essen (gegangen)'. Schon ab
dem AHD (35) finden sich nämlich vereinzelt Belege, die die Ab-
sentivinterpretation ermöglichen:

(35) si *wârun* in thero burg *koufen* iro nôtdurf (Otfrid II,14,100)
sie (die Jünger) waren in der Stadt kaufen ihre Vorräte
,Sie waren dabei, in der Stadt Vorräte zu kaufen / sie waren in der Stadt
Vorräte kaufen gegangen.'

Die Interpretation von (35) ist abhängig von der Perspektive. Wird
die Perspektive der Jünger eingenommen, ist die erste, also die progressive Interpretation plausibler; wird dagegen die Perspektive des
Erzählers eingenommen, dann könnte die absentive Lesart durchaus
akzeptabel sein. Voraussetzung für diese Lesart sind ein belebtes
Subjekt und ein Ereignisverb. Beide Bedingungen sind hier gege-
ben. Das Sich-Entfernen des Subjekts vom Verweisraum ist aus-
drücklich realisiert, wenn ein Bewegungsverb wie *gehen* oder *fahren* vorliegt wie in:

(36) a. exiit in montem orare
gieng in berg betôn (Tatian 229, 21)
,Er ging auf den Berg beten.'
b. fuar Petrus fisgôn (Otfrid, V, 13,3)
,Petrus fuhr fischen.'

Während im AHD Belege, in denen ein Infinitiv vom Verb *gehen*
abhängig ist, noch sehr selten sind, nehmen diese in Texten aus dem
MHD zu. Durch Ellipse des Verbs *gehen* entsteht eine Konstruktion, die der Form nach der alten progressiven Konstruktion mit
sein + Infinitiv gleich ist, die aber eindeutig absentive Bedeutung
hat. Letztere wird nur mit belebten Subjekten benutzt, und sie ist bis
heute in Gebrauch, wie die folgenden Beispiele aus dem IDS-Kor-
pus zeigen:

(37) a. Der Vater, Baupolier von Beruf, *war arbeiten gegangen*. (*Kleine Zeitung*, 23.11.1996)

    b. Vater Franz *war arbeiten*, die Mutter *einkaufen* - so wollte die Zehnjährige den Freitagvormittag bei den Großeltern (ebenfalls nur ein paar Häuser entfernt) verbringen (*Kleine Zeitung*, 18.08.1996)

Einer der ersten Belege, in denen bei *sein* + Infinitiv eindeutig ein Absentiv vorliegt, ist (38), denn aus dem Kontext geht klar hervor, dass Walwein sich auf Heerschau begeben hatte und zurückgekehrt war:

(38) mîn her Wâlwein kom sider, / [...] /
er *was schouwen* die rîterschaft (Lanzelet 3012-3014 aus Vogel 2007)
‚Mein Herr Wâlwein kam später, [...] er war die Ritter anschauen gegangen.‘

Bis zum FNHD (16. Jh.) ergibt sich folglich eine komplexe Situation: Einerseits überlebt die aus dem PI entstandene Konstruktion *sein* + Infinitiv mit rein progressiver Bedeutung. Diese wird auch mit stativen Verben oder mit unbelebten Subjekten benutzt (wie *genießen* in (33b)). Andererseits wird ab dem MHD eine formähnliche Konstruktion benutzt, die aber aus der Ellipse des Verbs *gehen* entstanden ist, und aus der sich der Absentiv entwickelt hat:

(39) erweitert aus Vogel (2007: 273)

	1	2	3	4
	sein + Part.Präs.	*sein* + V-*en*	*ist* + INF (gegangen)	*am* V *sein*
AHD (800-1050)	Progressiv (32)	Progressiv	Absentiv? (35?)	
MHD (1050-1350)		Progressiv	Absentiv (38)	
FNHD (1350-1650)	Progressiv (33a)	Progressiv (33b) (34)	Absentiv	Progressiv (40)
NHD (1650-)			Absentiv (37a,b)	Progressiv (30) (41)

Der Absentiv hat auch in den älteren Belegen nie die Funktion, Progressivität auszudrücken. Die beiden Bedeutungen der Progressivität und des Absentivs werden bis zum 14. Jh. durch zwei unterschiedliche Konstruktionen ausgedrückt, die von der formalen Seite her gleich sind. Dies hat dazu geführt, dass eine Bedeutung, nämlich die progressive, im Deutschen verschwunden ist. Die so entstanden Lücke wird durch die Konstruktion *am* + Infinitiv geschlossen. Die *am*-Konstruktion ist in Texten ab dem 16. Jh. belegt:

(40) Fand wir king Philips, der am herausreitten was (Lucas Rem, Tagebuch, aus Pottelberge 2005)
‚... fanden wir König Philip, der gerade am Ausreiten war.‘

Der Infinitiv ist in den älteren Belegen allerdings eine nominalisierte Verbform. Wie der nächste Beleg aus Luther zeigt, kann dieser nominalisierte Infinitiv mit einem anderen Substantiv koordiniert werden:

(41) Drumb, mensch, sihe dich fur, Got wirt dich nit fragen **am sterben** und jungsten tag (Matth. 25, 42 f.) (D. Martin Luthers Werke)
,Darum, Mensch, sieh dich vor, Gott wird dich nicht fragen beim Sterben und am jüngsten Tag.'

Für das heutige Deutsch sind sich die Grammatiken nicht einig, ob die *am*-Verlaufsform schon eine verbale oder noch eine nominale Konstruktion ist. Einige Hinweise sprechen allerdings für die erste Analyse. Der *am*-Infinitiv kann durch Adverbiale, aber nicht durch Adjektive modifiziert werden:

(42) a. Peter *war* **hart** *am arbeiten*
b. *Peter war *am* **harten** *arbeiten*

Auch die inzwischen weit verbreitete Kleinschreibung ist ein Hinweis auf die Analyse als verbale Konstruktion. *An* ist dementsprechend nicht mehr als Präposition, sondern als präpositionales Element einer verbalen Konstruktion zu analysieren, wie die Partikel *zu* im *zu*-Infinitiv. Das präpositionale Element *an* in der *am*-Verlaufsform stellt eine Relation einerseits zwischen dem Subjektreferenten des Infinitivs und der durch das Verb beschriebenen Aktivität und andererseits zwischen dem Subjektreferenten und dem Verweisraum her. Das verleiht der *am*-Verlaufsform eine modalisierende Funktion. Der Sprecher kann nämlich mit Sicherheit behaupten, dass der Subjektreferent mit der Aktivität, die durch den Infinitiv beschrieben wird, wirklich beschäftigt ist. Es liegt also eine gewisse Evidenz dafür vor. Ein weiteres Indiz, dass sich die *am*-Verlaufsform zu einer verbalen Periphrase entwickelt, sind Daten aus dem Internet, in denen die *am*-Verlaufsform auch im Passiv benutzt wird (Ferraresi eingereicht):

(43) ich könnte mir vorstellen, dass die auch quasi eine bestätigung akzeptieren, dass du deine papiere eingereicht hast, und dass die grad *am bearbeitet werden sind...* (http://www.amerika-forum.de/schule-37606.html, 13. Januar 2010)

Dies betrifft vor allem Verben, die eine Aktivität bezeichnen, in denen das Subjekt stark agentivische Eigenschaften hat. Man kann also davon ausgehen, dass diese Periphrase weiter grammatikalisiert wird.

2.4 Zusammenfassung

Nachdem im letzten Kapitel die Grundbegriffe erläutert wurden, konzentrierte sich dieses Kapitel auf die Diskussion der Grammatikalisierungsprozesse, die in der Geschichte des Deutschen den verbalen Bereich betroffen haben. Insbesondere wurden in diesem Kapitel Änderungen in den Kategorien Tempus, Aspekt und Genus verbi besprochen.

- Tempus: Die Entstehung des Perfekts. Das Germanische hatte als Vergangenheitstempus nur das Präteritum. Im AHD existierte eine Konstruktion mit *haben* + PII, in der das PII wie ein Adjektiv flektiert wurde. Insbesondere mit telischen Verben, die einen erreichten Zustand ausdrücken, konnte die Konstruktion *haben* + PII als eine einzige Prädikation reinterpretiert und als Vergangenheitstempus reanalysiert werden. Die Vergangenheitslesart wird analog auf intransitive Verben mit *sein* + PII erweitert;

- Genus verbi: Die Entstehung des Vorgangs- und des Zustandspassivs. Parallel zum Perfekt werden die Kopula-Konstruktionen mit *werden* + PII und *sein* + PII von transitiven Verben zu passivischen Periphrasen reanalysiert. Das PII wird nicht mehr als eine eigene Prädikation (Dir werden die Sünden zu vergebenen) interpretiert, sondern bildet mit dem Verb *werden* eine komplexe Verbform, die ein einziges Ereignis beschreibt;

- Aspekt: Die Entstehung der *am*-Verlaufsform. Diese Form ist noch nicht vollständig grammatikalisiert und auch noch nicht Teil des Verbalparadigmas des Deutschen. Die Konstruktion *sein* + Partizip I mit progressiver Bedeutung, die im AHD sehr produktiv war, verschwindet weitgehend, vor allem bedingt durch den Ausfall des Partizipialsuffixes. Dies führt nämlich dazu, dass das Partizip I dem Infinitiv und die progressive Konstruktion dem Absentiv gleichen. An Stelle von *sein* + PI wird die Konstruktion *sein* + *am* + Infinitiv, die ursprünglich einen substantivierten Infinitiv enthält, zu einer Verbalperiphrase grammatikalisiert. Mehrere Argumente sprechen für den verbalen Status. Gleichzeitig überlebt auch der Absentiv, der als eine Form mit einem elidierten Bewegungsverb anzusehen ist.

In allen diskutierten Grammatikalisierungsphänomenen spielt der Sprecher eine wichtige Rolle: Sowohl in der Relation Tempus als auch in der Relation Aspekt wird die Ereigniszeit in Bezug zum Sprecher gebracht, jeweils zur Sprechzeit bei Tempus und zur Betrachtzeit bei Aspekt. Beim Genus verbi handelt es sich um die Perspektive, aus der das Ereignis vom Sprecher betrachtet wird.

Aufgabe 4: Hat im Deutschen ein Satz wie *Peter ist verreist* die Bedeutung eines Perfekts oder drückt er einen Zustand aus? Konsultieren Sie bitte Maienborn (2007). (Das Paper kann heruntergeladen werden unter: http://www.germ.uni-tuebingen.de/abteilungen/linguistik/mitarbeitende/maienborn/publikationen.html).

Aufgabe 5: Welche möglichen Interpretationen hat ein Satz wie *Ich habe gestern das Auto gewaschen bekommen*? Wie kommen die unterschiedlichen Interpretationen zustande?

Aufgabe 6: Mit welchen Typen von Subjekt kann man die Konstruktionen *dabei sein zu* + *INF*, *am* + INF + *sein*, *beim* + INF + *sein* gebrauchen? Gibt es Unterschiede? Welche Konstruktion kann auch passiviert werden?

Grundbegriffe: Ereigniszeit, Sprechzeit, Betrachtzeit, Tempus, Aspekt, Vorgangspassiv, Zustandspassiv, Absentiv.

Weiterführende Literatur: Zum Perfekt: Diewald (1997), Sczepaniak (2009), etwas detaillierter und theorieorientierter ist Öhl (2009). Zum Passiv: Sehr ausführlich und mit vielen Daten belegt ist Kotin (2000). Zum *bekommen*-Passiv: Diewald (1997). Zur *am*-Verlaufsform: Pottelberge (2005).

3. Grammatikalisierung im nominalen Bereich

Zu den größten Veränderungsprozessen im nominalen Bereich gehört die Entstehung des Artikels. Dies betrifft nicht nur die germanischen Sprachen wie Deutsch und Englisch, sondern auch viele andere indoeuropäische Sprachen wie Italienisch oder Französisch.

Wie schon in Kapitel 1 erwähnt, wird der Definitartikel im Deutschen aus dem Demonstrativpronomen grammatikalisiert. Greenberg (1978) schlägt für die Grammatikalisierung des Artikels den Pfad DEMONSTRATIV > DEFINITARTIKEL > SPEZIFISCHER ARTIKEL > SUBSTANTIVMARKER vor. Allerdings berücksichtigt dieser Pfad nur das grammatikalisierte Element ohne weitere Faktoren wie etwa den Kontext oder den Bezug zum Sprecher. In Wirklichkeit wird die Entstehung der Definit- und Indefinitartikel durch komplexe Faktoren beeinflusst, die in diesem Kapitel behandelt werden.

3.1 Die Entstehung des Artikelsystems

Im Althochdeutschen existiert noch kein Artikel – Definitheit sowie Indefinitheit werden durch andere grammatischen Mittel wie Genitiv, die adjektivische Flexion oder Aspektualität ausgedrückt.

In vielen Fällen entscheidet der Kontext, ob ein Substantiv definit – wie in (1a) – oder indefinit – wie in (1b) – zu interpretieren ist. In einigen Belegen findet sich jedoch auch das Demonstrativpronomen *ther, thie, thaz* wie in (2b) oder das Zahlwort ‚ein' (2b), die als Artikel interpretiert werden könnten:

(1) a. Imo stigantemo **in skef** / folgetun imo sine iungiron (Tatian 187, 11-12)
Steigend er auf Schiff / folgten ihm seine Jünger
Et *ascendente eo in nauicola / secuti sunt eum discipulis eius*
   b. uuanta giboran ist **man** / in mittilgart (Tatian 587, 25-26)
Weil geboren ist (ein) Mann in (der) Welt
Quia natus est homo / in mundum
(2) a. her thó uás in **themo skefe** (Tatian 187, 16)
Er aber war auf dem Schiff
Ipse uero erat in puppi
   b. inti slíumo findet ir / **eina esilin** gibuntana (Tatian 391, 2-3)
dort findet ihr schnell eine gebundene Eselin
& statim inueni&is asinam alligatam

Diese Verwendung des Demonstrativpronomens oder des Zahlworts ‚ein' kann allerdings nicht als ausgebautes Artikelsystem angesehen werden, da ihre Realisierung noch nicht systematisch bzw. obligatorisch ist. Aus diesen Elementen entstehen erst im späten AHD bzw. im MHD der Definit- und der Indefinitartikel, welche dann die Funktion übernehmen, die vorher durch andere Mittel ausgedrückt wurde. Um die Entstehung des Artikelsystems zu verstehen, müssen deshalb die grammatischen Strategien näher betrachtet werden, die diachron durch die Artikel ersetzt werden.

3.2 Pragmatische und semantische Definitheit

Definitheit ist ein komplexer Begriff, mit dem die Funktion, einen Referenten als bekannt oder vorerwähnt zu markieren, bezeichnet wird. Sprachen, die in ihrer Grammatik Artikel haben, verwenden den Definitartikel, um Definitheit zu signalisieren. Generell unterscheidet man zwischen folgenden Gebrauchskontexten für den Definitartikel (Himmelmann 1997: 39):

(3) A. **unmittelbar-situativer Gebrauch**: Der Referent ist in der unmittelbaren Äußerungssituation erschließbar und sogar sichtbar wie in *Reich mir bitte die Butter!*
   B. **anaphorischer Gebrauch**: Der Referent ist im Vortext erwähnt wie in *Hast du Butter gekauft? Ja, die Butter ist im Kühlschrank.*
   C. **assoziativ-anaphorischer Gebrauch**: Der Referent kann durch Assoziation zu einem zuvor erwähnten Referenten erschlossen werden,

wie in metonymischen Verhältnissen vom Typ *Haus - Dach/ Tür/ Fenster*;

D. **abstrakt-situativer Gebrauch**: Der Referent kann aufgrund von Weltwissen erschlossen werden, wie z.B. *die Sonne, der Mond, der Bundespräsident, die Zahl 3*; aber auch durch Superlative (*der Schönste*), oder durch Modifikatoren wie *der Einzige, der Erste*;

E. **generischer Gebrauch** wie in *Der Hund ist der beste Freund des Menschen.*

Die Gebrauchskontexte für den Definitartikel werden in den Beispielen A bis E immer abstrakter: Während im unmittelbar-situativen Kontext (A) der Referent in der Äußerungssituation direkt sichtbar und im anaphorischen Gebrauch zuvor erwähnt worden ist, muss der Hörer im assoziativ-anaphorischen Gebrauch (C) eine kognitive Leistung erbringen. Vor allem muss hierbei ein gemeinsames Wissen zwischen Hörer und Sprecher bestehen, damit der Referent eindeutig identifiziert werden kann. Ähnliches gilt für (D): Hier ist der Bezug zum Referenten noch etwas abstrakter, da der Referent nicht konkret ‚greifbar' ist. Schließlich wird in (E) mit dem generischen Gebrauch auf keinen konkreten Referenten Bezug genommen, sondern auf eine Gattung oder einen Typ. Das Substantiv *der Hund* im Singular steht für die ganze Klasse. Die Rede ist also nicht von einem konkreten Hund.

Da das AHD über kein Artikelsystem verfügt, werden im Folgenden die Kontexte besprochen, die Definitheit hervorrufen. Zudem wird darauf eingegangen, wie das AHD in diesen Kontexten Definitheit markiert. Ein Substantiv, das zum ersten Mal im Text erwähnt wird, wird im AHD ohne Artikel eingeführt; der Satz in (4) wäre auch im heutigen Deutsch ein grammatischer Satz:

(4) thó giengun **scalca** zuo / thes híuuiskes fater inti quadun imo (Tatian 108, 28-29)
da gingen Diener zu dem Familien Vater und sagten ihm
‚Da gingen Diener zu dem Familienvater und sagten zu ihm ...'
accedentes autem serui / patris familias dixerunt ei

Erst in einer weiteren Erwähnung wenige Zeilen später wird dasselbe Substantiv mit einem Determinierer wie dem Demonstrativpronomen *ther, thie, thaz* benutzt:

(5) thó giengun **scalca** zuo / thes híuuiskes fater inti quadun imo (Tatian 108, 28-29) thó quadun ihm **thie scalca** (Tatian 102, 2)
‚ ... da sagten ihm die Diener ...'
serui autem dixerunt ei

Es handelt sich hier um einen **anaphorischen** Kontext (3B), in dem die Bekanntheit bzw. Vorerwähntheit des Referenten eine Rolle spielt. In einem anaphorischen Kontext wird ein Substantiv im AHD oft durch den Determinierer *ther, thie, thaz* als [+bekannt/definit] markiert. Dem Leser/Hörer wird durch den Determinierer signalisiert, dass er den Referenten im vorangegangenen Kontext zu suchen hat und damit die Referenz herstellen kann. Auf diese Weise wird eine NP durch den anaphorischen Bezug definit.

Anaphorisch sind auch Appellativa, wie im folgenden Beleg, in dem der Eigenname *Herodes* durch appellativisches *ther cuning* wiederaufgenommen wird: Anstelle der definiten Nominalphrase hätte auch ein Pronomen stehen können. Das anaphorische *ther cuning* wäre im Neuhochdeutschen deakzentuiert, weil es keinen neuen Referenten einführt (Lühr 2008: 111):

(6) Sósó thó íngieng dohter thera selbun / herodiadis inti gisalzota / inti thaz gilihheta **herode** / [...] / **ther cuning** quad themo magatine (Tatian 247, 5-9)
Als die Tochter der Herodias hereintrat und tanzte und das Herodes [...] gefiel, sprach der König [/er] zu dem Mädchen:
Cumque introisset filia ipsius Herodiadis et saltasset et placuisset Herodi [...], rex ait puellæ

Metonymische Beziehungen zu bereits erwähnten Referenten werden ebenfalls durch den Determinierer als definit markiert (sog. **assoziativ-anaphorischer Kontext**, 3C). Im folgenden Beispiel besteht eine solche Beziehung zwischen Kornfeld und Ähren:

(7) [...] mit thiu ther heilant fuor ubar **sati**, ababrachun hungerente sine iungiron **thiu éhir** [...] (Tatian 68,1)
[...] als der Heiland durch ein Kornfeld ging, brachen hungernd seine Jünger die Ähren [...]
[...] *cum transiret Ihesus per sata, vellebant esurientes discipuli eius spicas* [...]

Im AHD werden Substantive wie *Sonne, Mond, Erde* oder *Himmel*, die inhärent (d.h. natürlich) definit sind, in **abstrakt-situativen Kontexten** (3D) noch artikellos verwendet. In Tatian und Otfrid werden sie teilweise noch artikellos (8) und teilweise schon mit einem Determinierer (9) gebraucht:

(8) inti scein sin annuzi so **sunna** (Tatian 91,1)
und scheint sein Gesicht wie Sonne
, ... und scheint sein Gesicht wie die Sonne.'
et resplenduit facies eius sicut sol

(9) firliaz er **thia erda** (Otfrid V, 17,21)
verließ er die Erde
, ... verließ er die Erde.'

Das Substantiv *Gott* wird im heutigen Deutsch nur dann mit Artikel verwendet, wenn es modifiziert wird (*der barmherzige Gott, der Gott, zu dem wir alle beten*), sonst wird es weiterhin ohne Artikel gebraucht.

Auch bei der **generischen Referenz** (3E) steht in den älteren Texten ein Substantiv artikellos im Singular. In Tatian dagegen finden sich einige generische Substantive teilweise ohne und teilweise mit Determinierer (Oubouzar 1992: 80):

(10) sambaztag thuruh **man** gitan ist (Tatian 227, 4)
      Sabbat für Menschen gemacht ist
      ‚Der Sabbat ist für den Menschen gemacht.'
      sabbatum propter hominem factum est
(11) nio mag **ther man** iouuhit intphahen, noba immo iz gigebanuuerde fon
      himile (Tatian 21, 5)
      nicht kann der Mensch etwas empfangen nicht ihm es gegeben vom
      Himmel
      ‚Der Mensch kann nichts empfangen, wenn es ihm nicht vom Himmel
      geschenkt werde.'

Wie bereits erwähnt, sind die Gebrauchskontexte für den Definitartikel von unterschiedlicher Abstraktheit geprägt. Eine Unterteilung in zwei Typen von Gebrauchskontexten findet sich in Löbner (1985: 298-311) – er unterscheidet zwischen **pragmatischer** und **semantischer Definitheit**. Pragmatisch definit sind Substantive aufgrund von situativen Faktoren wie beispielsweise Vorerwähntheit. Erst im Kontext können sie disambiguiert werden, indem der Bezug zu einem Referenten hergestellt wird. Dieser Typ von Definitheit entspricht dem situativ-anaphorischen Gebrauchskontext (3B). Substantive, die im AHD pragmatisch definit sind, werden mit einem Determinierer markiert, wie *thie scalca* in Beispiel (5).

Semantisch definit sind im Gegensatz dazu solche Substantive, die unabhängig vom Kontext definit sind, weil sie in allen Situationen individualisierbar sind. Semantische Definitheit wird im AHD im assoziativ-anaphorischen Gebrauch (3C) durch einen Determinierer markiert (wie in (7)). Semantisch definit sind außerdem Substantive im abstrakt-situativen Kontext (3D). Typischerweise sind dies Eigennamen oder Unikate wie *Sonne, Mond, Erde* oder *Gott*, die im AHD artikellos realisiert werden, wie oben in (8) bereits gesehen. Im generischen Kontext (3E) wird semantische Definitheit ebenfalls nicht morphosyntaktisch durch einen Determinierer realisiert (wie in (10)). In Otfried (spätes 9. Jh.) und Notker (10./11. Jh.) finden sich aber schon semantisch definite Substantive mit Determinierer (Beispiele (9) und (11)) (Oubouzar 1992).

Erst im späten MHD und frühen FNHD werden generische NPs systematisch mit dem Artikel realisiert. Mit generischen NPs wird der Gebrauch des Definitartikels allerdings erst im FNHD systematisch ausgebaut.

Die Klassifizierung nach pragmatischer und semantischer Definitheit wird in Himmelmann (1997: 39) schematisch wie folgt dargestellt:

(12)   nach Himmelmann (1997: 38)

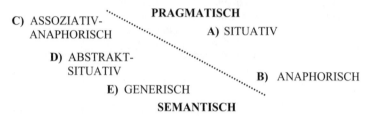

Im AHD wird also pragmatische Definitheit durch einen Determinierer realisiert. Unter den semantisch definiten Kontexten ist hingegen der assoziativ-anaphorische Kontext der einzige, in dem Substantive morphosyntaktisch durch einen Determinierer als definit markiert werden. In den anderen semantisch definiten Kontexten finden sich jedoch bereits bei Tatian und Otfrid die ersten Determinierer. Man kann also davon ausgehen, dass der Grammatikalisierungsprozess in diesem Bereich der Grammatik im AHD schon eingesetzt hatte. Allerdings kann man behaupten, dass das Artikelsystem erst im Frühneuhochdeutschen völlig ausgebaut ist.

In den nächsten Abschnitten werden die morphosyntaktischen Mittel, die das AHD vor der Artikelentstehung einsetzte, um eindeutige Referenz herzustellen, ausführlicher dargestellt.

3.3   Morphosyntaktische Mittel zur Identifizierung bzw. Markierung von definiten NPs im AHD und ihre diachrone Veränderung

Artikelsysteme stellen kein universales Muster der Markierung von Definitheit dar. Die Verwendung von Artikeln ist sogar eher eine Ausnahme in den Sprachen der Welt. Die Identifizierung einer NP als definit oder indefinit kann, abgesehen von Artikelsystemen, durch mehrere andere Mittel gesteuert werden:

1. Informationsstruktur und Wortstellung

2. Flexion attributiver Adjektive
3. Aspekt

Diese Strategien wurden im AHD angewendet, um Definitheit auszudrücken, weshalb sie hier detaillierter besprochen werden sollen.

3.3.1 Informationsstruktur und Wortstellung

Mit Informationsstruktur ist die Art gemeint, wie die Informationen
im Text bzw. im Diskurs strukturiert und vermittelt werden (vgl.
Musan 2010). Sprachen verwenden unterschiedliche Mittel, um
neue Information hervorzuheben und bereits bekannte als solche zu
markieren oder in Kontrast zu anderen Informationen zu setzen. Die
zwei wichtigsten sprachlichen Mittel dafür sind Wortstellung und
Intonation bzw. Betonung. Man unterscheidet zwischen dem, wo-
rüber im Satz etwas ausgesagt wird (**Topik**) und dem, was über das
Topik gesagt wird (**Kommentar**). Ein Topik stellt bekannte oder
bereits erwähnte Information dar. Typischerweise sind Subjekte
Topik eines Satzes. Diese werden im Deutschen bevorzugt vor dem
finiten Verb im Vorfeld realisiert und sind nur in Spezialfällen betont. In (13) ist *Maria* das Topik des Satzes, das durch eine vorangehende Äußerung schon gesetzt ist (z.b. wenn davor gefragt wurde ‚Und, was ist mit Maria, liest sie manchmal?‘). Was aus Spre-
chersicht besonders relevant ist – meistens die neue Information –
wird als **Fokus** bezeichnet und stärker betont. Die restlichen Informationen, vom Sprecher als bekannt vorausgesetzt, stellen den **Hintergrund** dar. Man kann die Information, die im Fokus steht, durch
W-Fragen ermitteln. Ein Satz wie (13) kann mit einer normalen Intonation sowohl die Antwort auf die Frage *Was hat Maria gestern
gemacht?* als auch auf die Frage *Was hat Maria gestern gelesen?*
sein:

(13) a. Maria   hat gestern ein Buch gelesen.
           Topik   Kommentar
      b. [Maria hat gestern ein Búch gelesen]
                                  Fokus
      c. Maria hat gestern [ein Búch] gelesen.
           Hintergrund   Fokus   Hintergrund

Als Antwort auf die erste Frage ist der ganze Satz neue Information
(13b). Der Akzent liegt auf *Buch*. Satz (13c) enthält dagegen eine
neue Information *Buch* und gibt Antwort auf die Frage *Was hat
Maria gestern gelesen?* Das *Buch* trägt also den Fokus und wiederum den Hauptakzent im Satz. Dies zeigt, dass die Position im Mittelfeld bei normaler Intonation und Wortstellung bevorzugt durch

neue Informationen besetzt wird. Diese werden intonatorisch besonders hervorgehoben und erhalten einen sogenannten Fokusakzent.

Auch Topiks können im Fokus stehen, wenn sie kontrastiv interpretiert werden:

(14) Gestern waren wir den ganzen Tag zu Hause. Ich habe im Garten gearbeitet. [Maria] hat ein Buch gelesen.
      Topik im Fokus

In manchen Sprachen, die kein Artikelsystem haben, werden in bestimmten Positionen im Satz nicht nur das Topik und/oder der Fokus realisiert, sondern es wird gleichzeitig auch die Interpretation der betreffenden NP als definit oder indefinit vollzogen – je nach Status der NP als Topik oder als Fokus. Tschechisch ist eine solche Sprache (Leiss 2000: 4):

(15) a. *Kniha* je na stole.
       Buch ist auf Tisch
       ‚Das Buch ist auf dem Tisch.‘
   b. Na stole je *kniha*
       auf Tisch ist Buch
       ‚Auf dem Tisch ist ein Buch.‘

In Anfangstellung (15a) wird die NP *kniha* ‚Buch‘ definit, in der Position nach dem finiten Verb (15b) indefinit interpretiert. In (15a) ist *kniha* ‚Buch‘ das Topik des Satzes, während es in (15b) die neue Information, also den Fokus, darstellt.

Auch im AHD ergibt sich aus der Wortstellung die Interpretation einer NP als definit oder indefinit. Neue Diskursreferenten werden nach dem finiten Verb eingeführt. Die Vorfeldposition bleibt leer und somit ergibt sich ein Verberstsatz (V1-Satz):

(16) a. **uuarun** thô *hirta* in thero lantskeffi (Tatian 35, 29)   V1
       waren dort Hirten in jener Region
       ‚Es waren Hirten in jener Region.‘
   b. [ih bin guot hirti = ‚ich bin (ein) guter Hirte‘]
       guot hirti **tuot** sina sela furi siniu scaph (Tatian 225, 16)   V2
       gute Hirte gibt seine Seele für seine Schafe
       ‚Der gute Hirte gibt seine Seele für seine Schafe.‘

In (16a) wird die neue Information *hirta* ‚Hirten‘ eingeführt, die dem finiten Verb *uuarun* folgt. *Hirta* steht in diesem Satz im Fokus. Topiks stehen im AHD hingegen meistens im Vorfeld, wie in (16b) *guot hirti* ‚ein guter Hirte‘, das davor schon erwähnt wurde und dadurch bekannte Information darstellt. Da das Vorfeld durch das Topik besetzt ist, handelt es sich um einen Verbzweitsatz (V2-Satz). Der Rest des Satzes bildet den Kommentar, in dem zusätzliche Informationen über das Topik hinzugefügt werden. Die postverbale Position in V1-Sätzen, in der neue Informationen realisiert werden (16a), sowie auch die präverbale in V2-Sätzen, in der Topiks stehen (16b), werden von Hinterhölzl/Petrova (2010) als Fokuspositionen analysiert:

(17) a. $_{\text{FOKUS}}[\mathbf{V_{fin}}\ \text{DISKURS}_{\text{neu}}]$ V1
      b. $_{\text{FOKUS}}[\text{DISKURS}_{\text{alt}}]\ _{\text{FOKUS}}[\mathbf{V_{fin}}\ \text{DISKURS}_{\text{neu}}]$ V2

Im Vorfeld stehen im AHD vor allem Topiks, weil dies die typische Position für diskursanaphorische Elemente ist. Die Informationen, die im Vorfeld realisiert werden, sind pragmatisch definit, weil sie aus dem Kontext identifizierbar sind. Das erklärt auch, warum im AHD Substantive mit Determinierer zunehmend im Vorfeld stehen (Behaghel 1932). Während in den früheren Texten vor allem Subjekte an der ersten Position im Satz realisiert werden, stehen in späteren Texten wie in Notker immer häufiger auch Akkusativobjekte in dieser Position. Diese Veränderung fällt mit der Zeit zusammen, in der der Definitartikel aus dem Demonstrativpronomen grammatikalisiert wird, und ist ein Hinweis darauf, dass die Erstposition vor dem finiten Verb nicht mehr nur eine Position für Topiks ist, sondern zu einer neutralen Position wird.

3.3.2 Schwache und starke Adjektivflexion

Ein weiteres grammatisches Mittel, um Determiniertheit zu markieren, ist die Adjektivflexion in attributiver (d.h. pränominaler) Stellung.

Im Gegenwartsdeutschen ist die Adjektivflexion in attributiver Stellung abhängig von der Präsenz anderer determinierender Elemente, wie Definit- oder Indefinitartikel. Mit einem Definitartikel, der die grammatischen Informationen von Genus, Numerus und Kasus trägt, wird das Adjektiv schwach flektiert und bekommt die Endungen -e/-en (*der gute Wein, den guten Weinen*). Ist kein Determinierer vorhanden, wird das Adjektiv stark flektiert, d.h. das Adjektiv selbst trägt die grammatischen Informationen Genus, Numerus und Kasus (*guter Wein, kaltem Wind*). Mit dem Indefinitartikel wird das Adjektiv stark oder schwach flektiert, je nachdem, in welchem Kasus der Indefinitartikel die starken Endungen trägt (*ein guter Wein, einem guten Wein*). Man spricht für das heutige Deutsch von Monoflexion, d.h. nur ein Element in pränominaler Stellung trägt die grammatischen Informationen, die anderen werden angepasst. Die Monoflexion ist morphosyntaktisch gesteuert und etabliert sich erst im Frühneuhochdeutschen systematisch, nachdem das Artikelsystem völlig ausgebaut ist.

Im Gegensatz dazu können pränominale Adjektive im AHD sowohl flektiert als auch unflektiert verwendet werden. Zudem ist die Flexion der Adjektive im AHD nicht morphosyntaktisch, sondern semantisch motiviert. Die starke und vor allem die schwache Adjektivflexion haben eine semantische Funktion: Mit den schwachen Flexionsendungen wird Definitheit markiert, unabhängig von der Präsenz eines Determinierers. Schon in germanischer Zeit diente die schwache Flexion dazu, das Substantiv näher zu individualisieren. Die schwache Flexion breitet sich dann im AHD auch auf semantisch definite Kontexte aus, wie in solchen in (18a) mit einem Unikat (hier ist *hímilisgen* als ,vom/aus dem Himmel' und nicht in metaphorischem Sinn zu verstehen) oder mit einem Superlativ (18b) (Demske 2001: 69):

(18) a. von hímilisgen liohte (Otfrid I, 12,4)
, … von himmlischem Licht.'
b. in ira bárm si sazta [barno bézista] (Otfrid I, 13, 10)
in ihrem Schoß sich saß Kind liebste
,In ihrem Schoß saß das liebste Kind.'

Noch im MHD finden sich Belege wie (19a), in denen die Genus-, Numerus- und Kasusmarkierung doppelt – sowohl am Determinierer als auch am Adjektiv – realisiert wird, aber auch solche wie (19b), ein Beispiel für eine NP ohne jegliche Markierung (Demske 2001: 84):

(19) a. *der* listig-**er** man (König Rother 2193; PWG 1989: 358)
b. *Ein* alt man (PL 10, 7)

Bis zum 14. Jh. kann man allerdings noch nicht zwischen Demonstrativum und Definitartikel unterscheiden. Erst ab der zweiten Hälfte des 16. Jahrhunderts wird die Flexion des Adjektivs morphosyntaktisch und nicht mehr semantisch gesteuert (Ebert et al. 1993: 192). Dies ist auch die Zeit, in der das Artikelsystem vollständig grammatikalisiert ist. Ab dem 17. Jahrhundert wird die Steuerung der Adjektivflexion, wie bereits erwähnt, durch morphosyntaktische Prinzipien geregelt.

3.3.3 Aspektuelle Faktoren

Als *Aspekt* bezeichnet man, wie bereits in Kapitel 2 erläutert, die Relation zwischen Betrachtzeit und Ereigniszeit. Dadurch wird ausgedrückt, ob das Ereignis zur Betrachtzeit abgeschlossen (perfektiver Aspekt) oder unabgeschlossen (imperfektiver Aspekt) ist. Im Satz *Letztes Jahr schneite es* wird durch das Präteritum der imperfektive Aspekt geäußert: Zur Betrachtzeit in der Vergangenheit ist das Ereignis ‚schneien' unabgeschlossen. Der Satz *Maria las zwei Krimis* drückt dagegen den perfektiven Aspekt aus. Hier wird das Ereignis zur Betrachtzeit als abgeschlossen dargestellt. Die Realisierung von zählbaren Objekten spielt eine Rolle bei der Entscheidung, ob ein Ereignis als imperfektiv oder perfektiv interpretiert wird. Das Ereignis *Krimis lesen* enthält im Prinzip kein natürliches Ende; das Verb wird dementsprechend imperfektiv interpretiert. Die Präsenz von einem Objekt wie *einen Krimi* ändert jedoch die Lesart in eine perfektive: *Einen Kirmi lesen/Ein Glas Wein trinken* beinhaltet, dass das Ereignis zu Ende ist, sobald der Krimi zu Ende gelesen oder das Glas leer ist. Außerdem kann die Verwendung mancher Präfixe bzw. Partikelpräfixe bewirken, dass ein Ereignis als abgeschlossen verstanden wird, wie *trinken/austrinken, essen/aufessen*. Diese lexikalische Markierung des Aspekts wird als **Aktionsart** bezeichnet.

Im AHD wird dieser Unterschied in den Lesarten perfektiv/imperfektiv, die von der Präsenz von zählbaren Objekten abhängig ist, durch Kasusalternation ausgedrückt (Philippi 1997: 65):

(20) a. skancta sinan fianton **bitteres lides**$_{GEN}$ (Ludwigslied II, 53-54)
     schenkte seinem Feind bitteres Getränk
     ‚Er schenkte seinem Feind ein bitteres Getränk ein.'
   b. Inti dir gibu **sluzzila**$_{AKK}$ himilo riches (Tatian 301, 16-17)
     und dir gab Schlüssel Himmel Reiches
     ‚Und dir gab ich den Schlüssel des Himmelreiches.'

In (20a) wird eine indefinite Menge des bitteren Getränks eingeschenkt (als partitiver Genitiv). Durch den Genitiv wird signalisiert, dass das Objekt indefinit ist. In (20b) ist das Objekt dagegen definit: Es geht um den (einzigen) Schlüssel des Himmelreichs. Das Objekt wird als Akkusativ-NP realisiert. Obwohl bei beiden NPs in (20a) und (20b) jegliche Determination fehlt, werden sie als indefinit (*bitteres lides*) und als definit (*sluzzila*) verstanden.

Die Kasusalternation hat eine Wirkung auf die aspektuelle Lesart eines Satzes: Mit einem (indefiniten) Genitivobjekt wie in (20a) ist das Geschehen zur Betrachtzeit unabgeschlossen (imperfektiver Aspekt), mit einem (definiten) Akkusativobjet (20b) ist es abgeschlossen (perfektiver Aspekt).

In anderen artikellosen Sprachen, wie beispielsweise den slawischen, werden aspektuelle Unterschiede ebenfalls durch Kasusalternation realisiert – hier ein Beispiel aus dem Russischen (Abraham 1997: 44):

(21) a. On prinës papiros_{GEN}.
  Er bringt (einige) Zigaretten.
 b. On prinës papirosy_{AKK}.
  Er bringt die Zigaretten.

In (21a) wird mit dem indefiniten Genitivobjekt imperfektiver Aspekt ausgedrückt, in (21b) führt die Verwendung eines definiten Akkusativobjekts zum perfektiven Aspekt. Die Kasusalternation ist allerdings sowohl im AHD als auch im Russischen auf perfektive Verben begrenzt (Leiss 1994). Perfektive Verben sind solche, die inhärent perfektiv sind wie *austrinken* oder *finden*: Wenn jemand etwas findet, ist das Ereignis schon abgeschlossen. Durch perfektivierende Präfixe – wie z.B. *ge-/gi-* – kann ein ursprünglich nicht-perfektives Verb auch zu einem perfektiven Verb umgewandelt werden (Philippi 1997: 79):

(22) a. joh sinero_{GEN} worto_{GEN} er *horta* filu harto (Otfrid II, 9, 57)
  auch diesen Wörtern er hörte sehr gut-zu
  ‚Auch diesen Worten hörte er sehr gut zu.‘
 b. thaz imbot_{AKK} sie *gihortun* joh iro ferti iltun (Otfrid I, 17, 53)
  diesen Befehl sie hörten und ihren Weg eilten
  ‚Sie hörten diesen Befehl und eilten auf ihren Weg.‘

Im heutigen Deutsch wird der Genitiv kaum noch als Objektkasus verwendet. Schon im MHD werden immer weniger Verben mit Genitiv realisiert. Statt des Genitivs finden sich zunehmend Präpositionalobjekte, wie *gedenken* + Gen > *denken an* (Abraham 1997, Fleischer/Schallert 2011).

3.4 Änderungen im nominalen System

Mehrere Änderungen im nominalen System führen in der Geschichte des Deutschen einerseits zum Abbau grammatischer Optionen wie der Kasusalternation mit perfektiven Verben, andererseits zur Herausbildung neuer grammatischer Mittel zur Markierung von Definitheit und Indefinitheit. In den nächsten Abschnitten werden folgende Änderungen diskutiert:

1. Die Entwicklung von Possessivpronomen zu Determinierern;
2. der Wandel des pränominalen Genitivs zu einem Determinierer;
3. die Grammatikalisierung von Definitartikeln aus den Demonstrativpronomen;

4. der Ausbau bzw. die Paradigmatisierung der Indefinita.

3.4.1 Die Entwicklung von Possessivpronomen zu Determinierern

Eine wichtige Änderung im nominalen System des Deutschen ist der Wandel der heutigen Possessivpronomen von Personalpronomen über Adjektive zu Determinierern. Possessivpronomen werden im AHD aus den Genitivformen der Personalpronomen abgeleitet: Im Nominativ Singular ist die Form des Possessivs identisch mit dem Genitiv des Personalpronomens (23a), sodass eine Unterscheidung zwischen Personalpronomen und Possessiv schwierig ist. Dies ist vor allem deshalb der Fall, weil die Possessiva in den anderen Kasus stark flektiert werden nach Genus, Numerus und Kasus des Kopfnomens (23b) (Demske 2001: 142):

(23) a. ih bim alt inti *mîn* quena / fram ist gigangan in ira tagun (Tatian 69, 11-12)
          ich bin alt und meine Frau sehr ist fortgeschritten in ihren Tagen
          ‚Ich bin alt und meine Frau ist in fortgeschrittenem Alter.‘
          Ego enim sum senex & uxor mea processit in diebus suis.
      b. wir bírun *thine*_{M.PL.} skalka (Otfrid II, 24,21)
          ‚Wir sind deine Knechte.‘

Im Femininum ist das Possessivpronomen stets unflektiert (23a) und damit identisch mit der Genitivform des Personalpronomens (MHD.: Nom. *ih*, **Gen. *mîn***, Dat. *mir,* Akk. *mih*). Es ist deshalb im AHD nicht eindeutig festzustellen, ob das Possessivpronomen adjektivisch verwendet wird, oder ob es noch einige Merkmale des Personalpronomens aufweist. Im MHD sind die Formen der Possessivpronomen hingegen schon eindeutig adjektivisch. Sie kommen im MHD gleichzeitig mit dem Definitartikel vor, was für eine Analyse als Adjektive spricht (24) (Behaghel 1923: 352, Demske 2001: 142):

(24) *der iuwer* friunde (Walth. 72, 20)
      der euer Freund
      ‚Euer Freund …‘

Im heutigen Deutsch werden Possessivpronomen nicht mehr als Adjektive, sondern als Determinierer gebraucht: Sie können nicht mehr zusammen mit einem (anderen) Determinierer vorkommen (25) und ihre Flexion orientiert sich eher an der des Indefinitartikels:

(25) a. *der meiner* Freund > mein Freund
   b. Flexion der Indefinitartikel und Possessivpronomen im Gegenwarts-
      deutschen

	M	F	N
NOM	(m)ein	(m)eine	(m)ein
DAT	(m)einem	(m)einer	(m)einem
GEN	(m)eines	(m)einer	(m)eines
AKK	(m)einen	(m)eine	(m)eine

Den Genitiv Singular Maskulinum und Neutrum z.B. bilden die
Possessivpronomen nicht mit dem Flexionssuffix -en wie die Adjektive, sondern mit -es (*dieses meines Landes* vs. *des schönen Buches*). Ihre Flexion wird zudem nicht in stark und schwach unterschieden.

3.4.2 Die Reanalyse des pränominalen Genitivs
Eine weitere Veränderung im nominalen Bereich, die parallel zur
Entwicklung des Definitartikels verläuft, ist die Reanalyse von pränominalen Genitiven zu Köpfen von Nominalphrasen. Mit einem
pränominalen Genitiv (*Annas* in den beiden Beispielen in (26))
kann eine NP im heutigen Deutsch nur definit interpretiert werden
(26a). Die indefinite Lesart ist nicht möglich (26b):

(26) a. *Der Hut* von Anna = **Annas** Hut
   b. *Ein Hut* von Anna ≠ **Annas** Hut

Der Genitiv steht in derselben Position, die sonst vom Definitartikel
eingenommen wird. Man nimmt deshalb an, dass vorangestellte
Genitive Köpfe von Nominalphrasen sind – wie der Definitartikel.
Aus diesem Grund können pränominale Genitive nicht gleichzeitig
mit einem Definitartikel vorkommen:

(27) **Der* **Annas** *Hut* / ***Annas *der Hut*

Die pränominale Stellung ist in jeder Hinsicht besonders. Feminina
weisen in dieser Position die Genitivendung -*s* auf, die normalerweise nur Maskulina und Neutra haben:

(28) *Evas* **neue Liebe**

Außerdem können nur belebte NPs pränominal stehen, meistens
findet man in dieser Position Eigennamen.

   Im Gegensatz zur gerade diskutierten Gegenwartssprache gibt es
im AHD mehrere Anzeichen dafür, dass pränominale Genitive keine Köpfe sind, d.h. sie haben noch nicht den Status von Determinierern. Pränominale Genitive können zum Beispiel zusammen

mit dem Determinierer des Bezugsnomens in pränominaler Stellung vorkommen:

(29) thie *mines fäter* liuti (Otfrid III, 10, 24)
      die meines Vaters Leute
      ‚Die Leute meines Vaters …‘

Genitiv-NPs können zudem, unabhängig von der Belebtheit des Referenten, sowohl post- (29a) als auch pränominal (29b) vorkommen:

(30) a. dhurah **dhea gheba** *dhera heilegun daufin* chiheilegode (Isidor 537)
          ‚… durch die Gabe der heiligen Taufe geheiligt.‘
          per baptismi gratiam sanctificatos
      b. *dhera magadi* **ziit** za gaberanne (Isidor 66)
          der Frau Zeit zu gebären (die Zeit der Frau)
          tempus uirginis parturiendi

Eigennamen können demzufolge sowohl prä- (31a) als auch postnominal (31b) erscheinen, auch wenn die meisten pränominal realisiert werden:

(31) a. in *cyres* nemin (Isidor 163)
          ‚… in Cyrus’ Namen.‘
          sub persona cyri
      b. in dhemu nemin *cyres* (Isidor 163)
          in dem Namen Cyrus’
          ‚… im Namen des Cyrus.‘
          In persona enim cyri

Aus der Untersuchung verschiedener althochdeutscher Texte ergibt sich, dass unbelebte Substantive seit dem Ende des AHD zunehmend postnominal erscheinen. Nur Eigennamen und belebte Substantive werden weiterhin in pränominaler Stellung realisiert. In manchen festen Konstruktionen jedoch werden auch unbelebte Nomina weiter pränominal realisiert, aus denen dann im Frühneuhochdeutschen Genitivkomposita wie *des halßgerichts ordnung* entstehen (Demske 2001: 217). Im 16. Jh. zeigt sich außerdem die Tendenz, auch belebte Substantive postnominal auszudrücken, die im Laufe der Zeit zunimmt. Im 17. Jh. werden dann sowohl belebte als auch unbelebte Genitive nur postnominal realisiert. Pränominal erscheinen nur noch Eigennamen. Demske (2001) erklärt diesen Wandel mit der bereits beschriebenen Reanalyse von pränominalen Genitiven zu Köpfen von Nominalphrasen bzw. zu Elementen des Artikelsystems. Dies betrifft insbesondere solche Genitive, die durch ein Possessivum ausgedrückt werden können, wie *genitivus possessivus* (32a), *genitivus subjectivus* (32b) und *genitivus objektivus* (32c):

(32) a. *Lottas* Datsche
      b. *Albertas* Vermutung
      c. *Pauls* Ernennung

Andere Genitivtypen, die nicht durch ein Possessivum ersetzt werden können, werden nicht als Determinierer reanalysiert, wie der *genitivus qualitatis* (33a), der *genitivus explicativus* (33b) und der *genitivus definitivus* (33c). Siewerden deshalb postnominal realisiert:

(33) a. ein Mann *der Vernunft*
      b. die Möglichkeit *der Entspannung*
      c. das Laster *der Trunksucht*

Unbelebte Substantive können aufgrund semantischer Faktoren nicht als Possessivum erscheinen.

Nach Fuß (2011) ist es nur die Kasusendung *-s* des Genitiv Singular und nicht die gesamte NP in pränominaler Position, die zu einem Kopf reanalysiert worden ist. Diese Kasusendung ist bei pränominalen Eigennamen als enklitischer possessiver Artikel bzw. Possessivmarker reanalysiert worden – wie im Englischen der Possessivmarker '*s*. Deshalb wird *-s* auch bei Feminina gebraucht. Interessanterweise zeigt sich im heutigen Deutsch die Tendenz, auch komplexe Genitive durch *-s* zu markieren. Für das Englische spricht man in diesem Fall von ‚Gruppengenitiv', weil die Genitivmarkierung nicht am Substantiv selbst (34a), sondern am rechten Rand der ganzen Phrase erscheint (34b):

(34) a. *[the queen's of England] hat
      b. [the queen of England]'s hat

In Bezug auf das Englische wird deshalb vorgeschlagen, diese Markierung nicht als Kasusmorphem, sondern als klitischen Possessivmarker zu analysieren. Eine ähnliche Möglichkeit besteht im Deutschen auch, wobei dies nicht obligatorisch ist (Fuß 2011: 37):

(35) a. die Sprache Walther von der Vogelweide**s**
      b. Walther von der Vogelweide**s** Sprache

Außerdem kann die Markierung mit *-s* direkt am Substantiv stehen:

(36) a. die Sprache [Walther-**s** von der Vogelweide]
      b. die Sprache [Walther von der Vogelweide]-**s**

In pränominaler Stellung jedoch ist die Markierung am rechten Rand der Genitivphrase die einzige Möglichkeit:

(37) a. *[Walther-**s** von der Vogelweide] Sprache
      b. [Walther von der Vogelweide]-**s** Sprache

Nach Fuß (2011: 38) ist dies ein Hinweis darauf, dass nur postno-
minale Genitive echte Genitive sind, in pränominaler Stellung hingegen ist -*s* der klitisierte Possessivmarker. Interessant ist dabei
auch die Beobachtung, dass sich im heutigen Deutsch anscheinend
ein neuer Genitivtyp entwickelt:

(38) samstag war familienfeier, *mein freunds* nichte hatte geburstag. das erste
was sie macht ihre finger in mein babys mund stecken
(http://forum.gofeminin.de/forum/bebeestla/ _f60329 _ bebeestlaFami-
lienfeier-am-Samstag-ARGHHH-lass-doch-mein-baby-infrieden-twis-
ted.html)

Dieser neue Genitivtyp könnte sich in Analogie zum Englischen
weiter entwickeln.

3.4.3 Die Grammatikalisierung von Definitartikeln aus den De-
monstrativpronomen

In vielen Sprachen, wie beispielsweise im Deutschen und in anderen indoeuropäischen Sprachen, sind Definitartikel aus Demonstrativpronomen entstanden. Demonstrativpronomen haben Eigenschaften, die sie sich mit Definitartikeln teilen wie (a) und (b):

(a) Demonstrativa sowie Definitartikel referieren auf Entitäten;
(b) Demonstrativa und Definitartikel stellen einen Bezug zwischen Sprecher, Hörer und Referenzobjekt her. Beide machen
ein Substantiv definit, aber nur der Definitartikel bewirkt die
generische Lesart (*Der Hund ist ein Vierbeiner*/*Dieser Hund
ist ein Vierbeiner*).

Im Unterschied zu Definitartikeln haben Demonstrativpronomen
jedoch folgende zusätzliche Eigenschaft: Demonstrativpronomen
verschieben in einer NP das Merkmal [-einzig] zu [+einzig]. Sie
verbinden einen Referenten mit den Koordinaten des Sprechers,
d.h. sie sind direkt referentiell (man bezeichnet diese Eigenschaft
als **deiktisch**). Man muss wissen, zu welcher Sprechzeit die Äußerung gemacht wurde, um den Referenten korrekt zu identifizieren.
Deshalb bewirken Demonstrativpronomen, dass eine NP eine uni-
kale Referenz erhält. Der Referent kann nur derjenige im aktuellen
Äußerungskontext sein, auf den das Demonstrativpronomen hin-
weist. Darin unterscheiden sich Demonstrativpronomen von Definitartikeln. Ein Beispiel:

(39) **Der US-Präsident** wird immer ein Mann sein.
a. Es ist der Fall, dass der US-Präsident immer ein Mann sein wird.

b. Für diesen US-Präsident wird es immer der Fall sein, dass er ein Mann ist.

Für den Satz in (39) stehen zwei mögliche Lesarten zur Verfügung: In (39a) wird die NP *der US-Präsident* als quantifizierender Ausdruck interpretiert („jeder US-Präsident‘), in (39b) ist die NP hingegen ein referentieller Ausdruck („der aktuelle US-Präsident‘).

Wird der Definitartikel durch ein Demonstrativpronomen ersetzt (40), steht nur die zweite Interpretation zur Verfügung, nämlich die referentielle. *Dieser US-Präsident* kann nur eine Referenz haben und diese ist nur zur Sprechzeit aktuell (im Jahr 2013 Barack Obama):

(40) **Dieser US-Präsident** wird immer ein Mann sein.

Die NP *dieser US-Präsident* in (40) wird also wie ein Eigenname interpretiert.

Demonstrativpronomen verweisen den Hörer auf den Referenten, der direkt zugänglich ist – entweder, weil er im Kontext sichtbar oder weil er aus dem Diskurs bekannt ist.

(41) a. Ich bin ins Auto gestiegen und habe *den Motor* angemacht.
　　 b. *Ich bin ins Auto gestiegen und habe *diesen Motor* angemacht.

In (41a) signalisiert der Definitartikel dem Hörer die Zugänglichkeit des Referenten durch die Teil-Ganzes-Relation (assoziativ-anaphorischer Gebrauch: Auto - Motor). Das Demonstrativpronomen ist hingegen ungeeignet (41b), weil der Referent ‚Motor‘ zur Sprechzeit nicht direkt im aktuellen Kontext zugänglich ist. Demonstrativpronomen verankern nämlich den Referenten im Bezug zu Sprecher und Hörer und machen ihn direkt zugänglich, ohne jegliche Inferenzprozesse seitens des Hörers. Die Arbeit, nach einem Referenten zu suchen, wird dem Hörer vom Sprecher abgenommen, indem der Sprecher die Aufmerksamkeit des Hörers direkt auf den richtigen Referenten lenkt. In diesem Sinne sind Demonstrativpronomen ‚definit‘. Mit einem Demonstrativpronomen erhält das Substantiv aber auch eine kontrastive Lesart: In *Ich habe dieses Buch gekauft* steht *dieses Buch* in Kontrast zu anderen Büchern, die ich hätte kaufen können.

Demonstrativpronomen verhalten sich auch syntaktisch anders als Definitartikel. In manchen Sprachen können sie zum Beispiel gleichzeitig vorkommen, wie etwa im Griechischen:

(42) afto to vivlio
　　 Dem Art N
　　 dieses das Buch
　　 ‚Dieses Buch …‘

Demonstrativpronomen und Definitartikel haben also zum Teil unterschiedliche Funktionen. Einige wichtige Merkmale sind jedoch beiden Klassen gemein. Demonstrativpronomen sind schließlich oft Spenderlexeme für Definitartikel wie Greenbergs (1978) Grammatikalisierungspfad DEMONSTRATIV > DEFINITARTIKEL zeigt.
In ihrem Gebrauch können Demonstrativpronomen zwei Änderungen erfahren, wenn sie zu Definitartikel grammatikalisiert werden:

1. Die deiktische Funktion, d.h. die direkte Referenz, geht verloren; das Demonstrativum wird nicht mehr deiktisch, sondern anaphorisch verwendet (d.h. es signalisiert, dass der Referent der NP identifizierbar sein sollte);
2. durch den Verlust der deiktischen Funktion geht auch die Unterscheidung zwischen deiktisch und kontrastiv verloren. Das Merkmal [-einzig] wird so überflüssig.

Wenn Demonstrativpronomen nicht mehr nur auf einen direkt zugänglichen Referenten hinweisen, können sie sich auch auf einen Referenten außerhalb der Sprechzeit beziehen. Diese Möglichkeit ist schon im anaphorischen Gebrauch der Demonstrativpronomen vorhanden (Demske 2001: 113):

(43) a. **ein búrg** ist thar in lánte [...] Zi **théru steti** fúart er / thia drúhtines
múater (Otfrid, I, 11, 23-26)
‚Eine Stadt ist dort im Land. [...] Zu dieser Stadt fuhr er des Herrn Mutter.‘
     b. Ílemes nu álle zi **themo kástelle** (Otfrid, I, 13,3)
‚Lasst uns nun alle zu dieser Stadt fahren.‘

Es wird im anaphorischen Gebrauch (43b) auf einen identifizierbaren Referenten im Kontext verwiesen (z.B. weil er erwähnt ist, wie in (43)).
Der Gebrauch von Determinierern wird dann auch auf Nomina mit dem Merkmal [+einzig] erweitert (wie *Sonne, Gott, Himmel*) und wird im letzten Schritt auch für die generische Lesart eingesetzt. Die Ausweitung des Artikels auf semantische Definitheit, insbesondere auf Generika, erfolgt systematisch erst im Frühneuhochdeutschen, wie oben bereits gesehen.

3.4.4 Die Indefinitartikel *ein* und *sum*
Parallel zum Definitartikel bildet sich aus dem **Zahlwort** *ein* der sogenannte Indefinitartikel heraus. Der Begriff ‚indefinit‘ ist jedoch nicht wirklich geeignet, um das Element ‚ein‘ zu erfassen. Wie

schon mehrmals erwähnt, werden im AHD sowohl definite als auch indefinite NPs artikellos realisiert. Das Zahlwort ‚ein' dient im frühen AHD nicht der Markierung der Indefinitheit – dafür werden andere Mittel verwendet –, sondern signalisiert, dass es um ein einziges Mitglied aus der Menge aller möglichen Referenten geht. Die Identität des Referenten ist dabei irrelevant. Das Zahlwort erscheint häufig unflektiert als Übersetzung für das lateinische *unus*. In Isidor steht *ein* immer für *unus* (Oubouzar 2000: 257):

(44) a. *ein* got (Isidor 257-258)
          ‚Ein Gott …'
          deus unus
      b. undar *eineru* biihti (Isidor 361)
          sub una confessione
          ‚… unter einem Bekenntnis.'

Für die Bedeutung ‚unspezifisch' benutzt Isidor die artikellose NP:

(45) **chind** uuirdit uns chiboran, **sunu** uuirdit uns chigheban (Is 385)
      Kind wird uns geboren, Sohn wird uns geschenkt
      ‚Ein Kind wird uns geboren, ein Sohn wird uns geschenkt.'

‚**Indefinit**' ist so aufzufassen, dass weder die Zahl der Mengenmitglieder noch ihre Identität relevant sind. Dieser Gebrauch der artikellosen NP nimmt von Isidor bis Notker kontinuierlich ab.

Auch bei Tatian hat *ein* nicht die Funktion, Indefinitheit im oben genannten Sinn zu markieren – diese Bedeutung wird hier weiterhin durch die artikellosen NPs ausgedrückt. Wenn es um die Ein(z)igkeit (vor allem von Gott) geht, benutzt Tatian *ein* für das lateinische *unus*, eine Bedeutung, die der Kardinalzahl sehr nah steht (46). An dieser Stelle war vorher die Rede von der Menschenmenge, aus der dann ein Schriftgelehrter kam, d.h. ein Mitglied der Sorte ‚Schriftgelehrter'.

(46) Gieng tho zuo *ein* buochari (Tatian 185, 22)
      kam da zu ein Schriftgelehrter
      ‚Es kam ein Schriftgelehrter dazu.'
      Et accedens *unus scriba*

Mit *ein* wird auch die Bedeutung ‚einzig und allein' für das lateinische *solus* (47a) und in manchen Fällen auch ‚einsam' wiedergegeben (47b):

(47) a. uuer mág / furlazan sunta noba *ein* got (Tatian 193, 17-18)
          wer kann vergeben Sünde wenn-nicht ein Gott
          ‚Wer kann Sünde vergeben wenn nicht einzig und allein Gott?'
          qui potest dimittere peccata nisi solus deus

b. uuanta ich *eino* nibim (Tatian 441, 23)
   denn ich allein nicht-bin
   , … denn ich bin nicht allein.'
   quia solus non sum

Ein markiert außerdem **spezifische Indefinita**. Auch hier ist der Begriff ‚indefinit' nicht geeignet: In (48) bezieht sich der Sprecher auf eine bestimmte Eselin, die dem Hörer zunächst unbekannt ist. Dafür verwendet Tatian *eina* (48a). Es handelt sich um ein spezifisches Mitglied der Sorte ‚Eselinnen'. Beim zweiten Erwähnen (48b), in dem die Rede vom König ist, ist es irrelevant, um welche Eselin es sich handelt. Hier bleibt das Substantiv unspezifisch, es geht um die sortale Bedeutung. In beiden Fällen wird im Gegenwartsdeutschen der Indefinitartikel *ein* verwendet, das Lateinische lässt in beiden Fällen die NP artikellos:

(48) a. inti slíumo findet ir / *eina esilin* gibuntana/ inti ira folon mit iru
       gibuntanan (Tatian 391, 2-5)
       und schnell findet ihr eine Eselin gebunden und ihr Fohlen mit ihr
       gebunden
       ‚Und schnell findet ihr eine angebundene Eselin und ihr Fohlen mit
       ihr angebunden.'
       et statim invenietis / asinam alligatam et pullum eius cum ea / alligatum
    b. sinu thin cuning quam ... sizzenti / ubar folon *zamera esilinna* (Tatian
       393, 3-5)
       siehe, dein König kommt … sitzend auf Fohlen zahmen Eseln
       ‚Siehe, dein König kommt reitend auf dem Fohlen einer zahmen Eselin.'
       ecce rex tuus venit ... sedens super pullum asinae subiugalis

Von diesem Typ finden sich in Tatian mehrere Belege.

Mit *ein* wird nicht nur auf ein Mitglied einer Sorte, sondern auch auf eine gesamte Gruppe der gleichen Sorte verwiesen: Im AHD und bis ins MHD wird *ein* auch im Plural verwendet (Behaghel 1923: 407):

(49) a. Sih náhtun *eino zíti* thaz man tho firoti (Otfrid III, 15.5)
       sich näherten gewisse Tage die man da feiert
       ‚Es näherten sich gewisse Tage, die man da feiert.'
    b. *in einen buachon* (Otfrid I, 1, 87)
       , … in manchen Büchern.'

Pluralisches *ein* markiert die Gruppe als Einheit, es geht um eine einheitliche unbestimmte Menge einer Sorte (Tage, Bücher). In einigen romanischen Sprachen, wie Spanisch und Katalanisch, aber auch in wenigen anderen Sprachen, wird ‚ein' im Plural für diese

Bedeutung verwendet (*unos estudiantes* ,eine Gruppe von Studenten').

Daneben verfügt das AHD über mehrere Pronomina für spezifische Markierungen im Indefinitbereich. Das indefinite *sum* hat die Bedeutung ,ein gewisser, so einer' und steht wie *ein* meistens unflektiert:

(50) uuas thar *súm* rihtari (Tatian 195,10)
      ,war da irgendein/so ein Richter'
      et erat quidam regulus

In dieser Bedeutung der ,Indefinitheit' kennt der Sprecher die Identität des Referenten, sie ist jedoch irrelevant für die Kohärenz des Diskurses. Im Deutschen wird zwischen *bestimmt* und *gewiss* unterschieden, je nachdem, ob dem Sprecher auch die Referenz bekannt ist (,bestimmt') oder nicht (,gewiss') (Ebert et al. 1993). Im Lateinischen wird für beide *quidam* verwendet.

Das indefinite *etlich* steht für eine Größe, die genauer bestimmt werden könnte, deren Bestimmung aber nicht relevant ist (lat. *quidam*). Im Gegenwartsdeutschen wird dafür das Pronomen *einige, mancher, manch einer* verwendet:

(51) étheslicha rédina (Otfrid V, 23, 18)
      ,einige Beschreibungen'

In der Zeit zwischen Tatian und Isidor sind einige Änderungen festzustellen. *Sum* wird in Otfrid durch *ein* ersetzt, und auch in einigen Kontexten, in denen das artikellose Substantiv stand, wird *ein* verwendet (Oubouzar 2000):

(52) a. *sumer* biscof (Tatian 2,1)
         ,ein Bischof'
         quidam sacerdos
      b. *ein* ewarto (Otfrid I, 4.2)
         ,ein Priester'
(53) a. brutloufti (Tatian 45.1)
         Hochzeit
         ,eine Hochzeit'
         nuptiae
      b. *eino* brutloufti (Otfrid II, 8.3)
         ,eine Hochzeit'

Generika und Substantive in prädikativer Funktion bleiben weiterhin artikellos:

(54) a. wuo mag *suntig man* thisiu zeihan duon (Tatian 132,9)
         wie kann sündiger Mensch solche Zeichen tun
         ,Wie kann ein Sünder solche Zeichen tun?'
         quomodo potest homo peccator haec signa facere

b. wio *suntig man* thaz mohti (Otfrid, III 20.65)
   wie sündiger Mann das vermag
   ‚Wie vermag ein Sünder das?‘

(55) a. uuanta her *uuizago* ist (Tatian 132, 10)
        denn er Prophet ist
        ‚denn er ist ein Prophet.‘
        quia propheta est
     b. thaz er ist *forasago guat* (Otfrid III, 20. 74)
        dass er sei Prophet vortrefflicher
        ‚ ... dass er ein vortrefflicher Prophet sei.‘

Erst im späten MHD und frühen FNHD werden generische NPs sowie prädikative NPs systematisch mit dem Indefinitartikel realisiert. Dies findet parallel zur Entwicklung des Definitartikels und zum Abbau der anderen Strategien zur Identifizierung von definiten Substantiven statt. Das ursprüngliche Zahlwort breitet sich so als Markierung der Bedeutung ‚ein (dem Hörer) bekanntes oder unbekanntes Mitglied der Sorte‘ aus. Erst im FNHD etabliert sich der Gebrauch des ‚indefiniten‘ Artikels *ein, eine, ein* vollständig.

Im heutigen Deutsch werden mit *ein* folgende Bedeutungen am Substantiv markiert:

(56) a. Kardinalzahl/Zählbar/Numerus:
        ein Buch vs. *zwei Bücher*
     b. unspezifisch indefinit
        Ich suche *einen Stift* (irgendeinen)
     c. spezifisch indefinit:
        Jan will *eine Spanierin* heiraten (ich kenne sie aber noch nicht).
     d. Generische Lesart:
        Ein Kind lernt es schnell.

Daneben hat das Neuhochdeutsche folgende Indefinitpronomina, um die Bedeutung von *ein* zusätzlich (a und b) zu spezifizieren oder Partitivität (c) auszudrücken:

(57) a. *bestimmt* (engl. *a certain*)
     b. *gewiss* (engl. *an*)
     c. *welche* (Partitiv) /*einige/etliche/manch/mancherlei*

Artikellose singularische NPs stehen hingegen nur für die generische Bedeutung:

(58) a. Er aß Fleisch.
     b. Wasser kam aus den Bergen.
     c. Er ist Lehrer.

Gerade im Bereich der Indefinitheit findet man also im AHD ein weitaus präziseres System mit spezifischeren Markierungen, die bis ins FNHD durch das grammatikalisierte Zahlwort *ein* ersetzt werden.

3.5 Zusammenfassung

In diesem Kapitel wurde die Entstehung von Definit- und Indefinitartikel aus dem Demonstrativpronomen bzw. dem Zahlwort ‚ein‘ besprochen. Im AHD wurden Definitheit und Indefinitheit durch andere morphosyntaktische Mittel realisiert – diese Strategien wurden zunächst ausführlich besprochen:

- Informationsstruktur und Wortstellung;
- Flexion attributiver Adjektive;
- Aspekt und Kasusalternation.

Mehrere parallele Änderungen in der NP führten dazu, dass eine Reihe von grammatischen Elementen im heutigen Deutsch Definitheit bzw. Indefinitheit morphosyntaktisch markieren:

- die Entwicklung von Possessivpronomen zu Determinierern;
- der Wandel des pränominalen Genitivs zu einem Determinierer;
- die Grammatikalisierung von Definitartikeln aus den Demonstrativpronomen;
- der Ausbau bzw. die Paradigmatisierung der Indefinita.

Aufgabe 7: Im Deutschen ist der Definitartikel mit manchen Präpositionen verschmolzen wie bei *im* oder *ins*. Manche Sprachwissenschaftler reden von flektierenden Präpositionen (Nübling 2005). Können Sie hinsichtlich der auf S. 44ff. genannten Gebrauchskontexte für die Definitartikel eine Systematik erkennen, unter welchen Umständen eine Verschmelzung stattfindet? Überlegen Sie sich auch, ob der Typ des Substantivs eine Rolle spielt.

Aufgabe 8: Im Kölschen sowie in anderen westdeutschen Dialekten gibt es zwei Typen von Definitartikeln (Himmelmann 1997: 54): Volltonige Artikel: M. *dä*, F. *di*, N. *dat*, Pl. *di*:. Klitische Artikel: M. *do/də*, F.*də*, N. *ət,t* PL. *də*. Beispiele (es handelt sich um Dialogfragmente aus der gesprochenen Sprache!):

(i.) ... mim Fahrrad vorbei und dänk *de Jepäckständer* und haut mit däm Korf aff ...
,... mit dem Fahrrad vorbei, und ich denke: der Gepäckträger! und haut mit dem Korb ab‘

(ii.) ... dät dä widder op *dä Jepäckständer* ...
,... das da wieder auf dem Gepäckträger ...‘

Wie läss sich ihre Verteilung mithilfe von semantischer und pragmatischer Definitheit erklären? Sie können auch Himmelmann (1997: 54) konsultieren.

Aufgabe 9: In Kombination mit einigen Indefinitpronomina wie z.b. machfindet man im Neuhochdeutschen Schwankungen zwischer starker und schwacher Flexion der nachfolgenden Adjektive:

    (i.) manche kluge / klugen Leute

    (ii.) in den Augen mancher deutscher und spanischer / deutsche und
        spanischen Politikern

Können Sie ausgehend von Abschnitt 3.4 erläutern, wie es zu diesen Schwankungen kommt?

Grundbegriffe: Referentialität, semantische und pragmatische Definitheit, starke und schwache Flexion, anaphorisch, deiktisch, Topik, Fokus.

Weiterführende Literatur: Oubouzar (1992, 2000) bietet viele Beispiele und beschreibt die Entwicklung der Artikel ausführlich. Leiss (1994) geht vor allem auf den Schwerpunkt Aspekt und Definitheit ein, wie auch Philippi (1997), die jedoch eher theorieorientiert ist. Lühr (2008) konzentriert sich auf informationsstrukturelle Faktoren und auf die Unterscheidung zwischen semantischer und pragmatischer Definitheit. Demske (2001) ist eine ausführliche diachrone Studie über die Relationen zwischen den verschiedenen Elementen innerhalb der NP.

4. Grammatikalisierung bei Adjektiven

4.1 Wandel bei Adjektiven

Adjektive können im Laufe der Zeit ihre lexikalische Bedeutung ändern – und das findet sogar häufig statt. Man denke nur an ein Adjektiv wie *geil,* das in der Jugendsprache für die Bedeutung ‚ganz toll' steht, im AHD aber noch die Bedeutung ‚fröhlich' hatte. Adjektive können aber auch die Quelle für grammatische Elemente sein. In einem Satz wie *Ich finde ihn schrecklich nett* hat *schrecklich* nicht die ursprüngliche Bedeutung ‚schreckeinjagend' und auch nicht die Funktion eines Adjektivs, sondern dient in diesem Kontext der Verstärkung des Adjektivs *nett* – genau wie *sehr.* Elemente wie *sehr* werden **Intensitätspartikeln** (oder Steigerungspartikeln, in manchen Fällen auch Gradpartikeln, wie in DUDEN 2006) genannt. Sie geben an, in welchem Intensitätsgrad eine Eigenschaft oder ein Sachverhalt ausgeprägt ist (DUDEN 2006: 595). Die Klasse dieser

Elemente ist sowohl syntaktisch als auch semantisch schwer zu charakterisieren. Neben *sehr* werden auch solche Ausdrücke wie *ziemlich* und *regelrecht*, aber auch *zutiefst*, *überaus*, *irre*, *wahnsinnig*, *furchtbar* oder *total* dazu gerechnet, für die die Bezeichnung ‚Partikel' nicht geeignet ist. Einige dieser Elemente sind bezüglich ihrer Wortbildung eher Adverbien (*zutiefst*, *überaus*), andere können in der intensivierenden Funktion wie Adjektive attributiv vor dem Substantiv stehen (*ein ziemlicher Aufwand*) (Breindl 2006: 399). Deshalb werden sie hier nicht als Intensitätspartikeln, sondern als **Intensifikatoren** bezeichnet. Intensifikatoren sind also intensivierende Ausdrücke, die aus verschiedenen lexikalischen Kategorien entstehen, die noch ihre lexikalische Bedeutung besitzen und deren syntaktisches Verhalten noch aktiv ist. Intensitätspartikeln sind solche Elemente wie *sehr*, die nur intensivierend verwendet werden und bei denen die lexikalische Bedeutung durch den fortgeschrittenen Grammatikalisierungsgrad vollkommen verblasst ist. Intensifikatoren wie *furchtbar* oder *schrecklich* haben ihre lexikalische Bedeutung teilweise noch behalten (s.o.) und haben darüber hinaus eine zusätzliche expressive Komponente: Die meisten von ihnen drücken Gefühlszustände wie Furcht, Schrecken oder Staunen aus. Im Gegensatz dazu ist bei der Intensitätspartikel *sehr*, die im AHD die Bedeutung von ‚schmerzhaft' hatte, die expressive Komponente vollkommen verblasst. Gerade in der Jugendsprache werden neue Intensifikatoren, die eine starke expressive Komponente haben, gerne und häufig verwendet (wie in *Ich habe mich **tierisch** geärgert* oder *Es ist **irre** nett von dir*). In diesem Kapitel werden die Faktoren dargestellt, die zu der Reanalyse und Reinterpretation von Adjektiven zu Intensitätspartikeln bzw. Intensifikatoren führen.

4.2 Intensitätspartikeln und Intensifikatoren

Intensitätspartikeln wie *sehr* können Verben (*sehr leiden*), Adjektive (*sehr nett*) oder Adverbien (*sehr oft*) modifizieren. Mit den gleichen Verben, Adjektiven oder Adverbien finden sich auch Intensifikatoren wie *schrecklich*:

(1)   a.   *schrecklich* **leiden**
       b.   *schrecklich* **nett**
       c.   *schrecklich* **oft**

Nicht jeder Verb-, Adjektiv- oder Adverbtyp kann durch Intensitätspartikeln oder Intensifikatoren modifiziert werden. Möglich ist die Modifikation durch intensivierende Elemente nur bei Ausdrücken, die **skalar** sind. Damit ist gemeint, dass sich ihre Bedeutung bzw. die Intensität der Handlung oder der Grad der Eigenschaft, die sie beschreiben, auf einer Skala abbilden lässt: *Sehr/schrecklich leiden* bedeutet, dass die Intensität des Leidens besonders hoch auf der Skala ‚Leiden' liegt. Ebenso heißt *sehr/schrecklich nett*, dass der Grad des Nettseins besonders hoch ist.

Verben wie *stehen* können nicht durch *sehr* modifiziert werden, weil sie in ihrer Semantik keine Skala induzieren, und zwar weder eine Skala der Intensität noch der Frequenz (wohl aber der Dauer: *lange stehen* mit der Bedeutung ‚für eine lange Dauer stehen'). Ebenso wenig kann das Adverb *morgens* durch *sehr* modifiziert werden, weil es eine punktuelle temporale Bedeutung hat: In dieser Bedeutung ist weder die Dimension der Dauer noch die der Frequenz enthalten. Durch Intensitätspartikeln oder Intensifikatoren modifizierbar sind also nur solche Elemente, die eine Dimension beinhalten, die auf eine Skala projiziert werden kann, wie beispielsweise die Dimensionen Dauer, Frequenz, Intensität, Quantität usw.

Auch unter Adjektiven gibt es solche wie z.B. *schwanger*, die nicht durch Intensitätspartikeln modifiziert werden können (**sehr/schrecklich schwanger* ist nicht akzeptabel, wohl aber *hochschwanger*). Diese bilden auch nicht die Komparativ- oder die Superlativform (**schwangerer als/*die Schwangerste*). Intensifikatoren können nur mit Adjektiven wie *groß* oder *klein* benutzt werden, die komparierbar (*größer, am größten/kleiner, am kleinsten*) und modifizierbar sind (*sehr/schrecklich groß/klein*). Adjektive wie *groß* und *klein* werden von Lyons (1977/1983) als graduierbar (oder skalierbar), solche wie *schwanger* und *verheiratet* als nichtgraduierbar bezeichnet. Bei graduierbaren Adjektiven wird dem Bezugselement ein Wert auf einer imaginären Skala zugewiesen, die sich je nach Bezugselement ändert. Zum Beispiel ist *groß* unterschiedlich zu bewerten, je nachdem auf welcher Skala der Wert zugewiesen wird. Ein großes Haus ist größer als ein großer Elefant, und dieser ist größer als ein großer Mann. Die Skala ist also abhängig vom Bezugselement.

Neben der Intensitätspartikel *sehr*, die nach Löbner (2002: 32) die Funktion hat, den Geltungsbereich des Bezugselements einzuschränken, gibt es Intensifikatoren wie *schrecklich*, die eine zusätzliche expressive Bedeutung haben: Sie drücken die Gefühlslage bzw. die Bewertung des Sprechers in Bezug auf den Skalenwert aus, der dem Bezugselement zugewiesen ist (aus Kirschbaum 2002: 38):

(2) a. Karl ist *erbärmlich* klein.
    b. Die letzte Runde fuhr Schumacher *erschreckend* langsam.
    c. Davor fuhr er *irre* schnell.

Die Skala und der Geltungsbereich werden in (2a) durch das Adjektiv *klein* und bezogen auf eine Person – in diesem Fall Karl – definiert. Der Intensifikator *erbärmlich* schränkt einerseits den Geltungsbereich des Adjektivs *klein* ein, andererseits gibt er auch die Einstellung des Sprechers zu diesem Geltungsbereich an. Dadurch wird vom Hörer der Grad des Geltungsbereichs indirekt erschlossen, der außerhalb der erwartbaren Norm liegt. Eine Paraphrase dieser beiden Bedeutungskomponenten könnte wie folgt lauten:

(2) a'. Karl ist klein in einem Grad, dass ich es erbärmlich finde.
    b'. Die letzte Runde fuhr Schuhmacher langsam in einem Grad, dass es mich erschrocken hat.
    c'. Davor fuhr er schnell in einem Grad, dass ich es irre fand.

Wie kommt es nun, dass die lexikalische Bedeutung solcher Adjektive wie *schrecklich* im Laufe der Zeit verloren geht, und dass sie zu Intensifikatoren und Intensitätspartikeln werden?

4.3 Metapher und Metonymie bei der Grammatikalisierung von Intensitätspartikeln und Intensifikatoren

Bei der Entwicklung von Intensifikatoren und Intensitätspartikeln spielen die kognitiven Faktoren, die im Abschnitt 1.6 besprochen wurden, nämlich Metapher und Metonymie, eine wichtige Rolle.
    Bei Intensitätspartikeln, die aus einem Dimensionsadjektiv entstanden sind – wie *schwer, leicht, tief* und *hoch* in den folgenden Beispielen – hat eine metaphorische Verschiebung stattgefunden:

(3) a. Ich bin *schwer* erkältet.
    b. Die Nudeln sind *leicht* versalzen.
    c. Ich bin *tief* beeindruckt.
    d. Das ist *hoch* interessant.

Der Grad des Erkältet-, Versalzen-, Beeindruckt- oder Interessant-seins wird auf eine andere Skala projiziert, die den Grad durch Dimensionen wie Tiefe, Höhe, Leichtigkeit oder Schwere darstellt (Kirschbaum 2002). Nicht die Dimensionsbedeutung ist vordergründig, sondern der Grad der Tiefe, Höhe, Leichtigkeit oder Schwere. Dimensionsadjektive stehen immer für die starke und nie für die schwache Intensivierung.

Metonymische Verschiebung findet man bei Intensitätspartikeln, welche aus Adjektiven entstehen. Diese Adjektive drücken ein Gefühl oder eine Einstellung aus, wie *erstaunlich* oder *furchtbar*:

(4) a. Jan ist *erstaunlich/furchtbar* klein.
     b. Jan ist so klein, dass es *erstaunlich/furchtbar* ist.

Das skalare Adjektiv *klein* beschreibt eine Eigenschaft, deren hoher Grad – verglichen mit der Norm – den Sprecher in eine bestimmte Gefühlslage versetzt bzw. zu dem der Sprecher eine bestimmte Einstellung hat (Staunen/Furcht). Die Wirkung des Grades der Eigenschaft wird über den Intensifikator ausgedrückt. Damit kann der Grad vom Hörer indirekt erschlossen werden (Kirschbaum 2002: 74).

Kirschbaum (2002: 200-201) nimmt folgende metaphorische und metonymische Muster bei der Entwicklung von Intensifikatoren an:

(5) **metaphorische Muster**
     Intensität als Höhe (*hoch, höchst*), Intensität als Tiefe (*tief, zutiefst, abgrundtief*), Intensität als Größe (*riesig, gigantisch, kolossal*), Intensität als Stärke (*gewaltig, mächtig, kräftig, stark, heftig*), Intensität als Entfernung (*weit, bei weitem, weitaus, weitgehend, äußerst*), Intensität als Gewicht (*schwer, leicht*), Intensität als Quantität (*viel, wenig, ein bisschen, etwas*), Intensität als Vollständigkeit (*ganz, total, absolut, voll, völlig, vollkommen, vollends*)

(6) **metonymische Muster**
     1. Erregung von Angst und Schrecken steht für Grad (*schrecklich, furchtbar, unheimlich* etc.), Erregung von Abscheu steht für Grad (*ekelhaft, widerlich, abscheulich, zum Kotzen*)
     2. Positive Bewertung steht für Grad (*himmlisch, phantastisch, überragend, super, schön* etc.), Erstaunen steht für Grad (*erstaunlich, verblüffend, überraschend* etc.)
     3. Normabweichung steht für Grad (*ungewöhnlich, außerordentlich, ungemein, wahnsinnig, irre, irrsinnig*)

Bei zunehmender Konventionalisierung der intensivierenden Funktion verblasst die lexikalische Bedeutung. Im Fall von *sehr* zum Beispiel ist die Bedeutung ,wund, schmerzlich', die das Adjektiv *sêro* im AHD besitzt, nicht mehr transparent, die deskriptive Bedeutung ist vollkommen verloren gegangen und *sehr* ist im heutigen Deutsch nur eine Intensitätspartikel. Bei *fürchterlich* und *erstaunlich* hingegen ist der Grammatikalisierungsprozess noch nicht so weit fortgeschritten. Bevor dies geschieht, findet eine Bedeutungsverschiebung bei der Interpretation der Modifikatoren nach dem Muster der metonymische Verschiebung „Wirkung steht für Grad" statt: In den meisten Fällen handelt es sich um eine negative Wirkung, weil Furcht, Schrecken, Ekel oder Entsetzen als besonders starke Gefühlszustände empfunden werden im Vergleich z.B. zu Überraschung, Glück oder Freude:

(7)   Er ist ein *unheimlicher* Trinker/*heimlicher* Trinker.

Nur im ersten Fall – mit der negativen Bedeutung ,unheimlich' – wird das Adjektiv als Intensifikator interpretiert. In der positiven Bedeutung ,heimlich' ist die deskriptive Bedeutung prominent.

Grammatikalisierte Intensifikatoren sind im heutigen Deutsch auch mit positiven Eigenschaften kompatibel:

(8)   Das ist *furchtbar/entsetzlich/schrecklich* nett.

Andere Adjektive, die negative Gefühle beschreiben und die nicht als Intensitätspartikeln grammatikalisiert sind, wie *ekelhaft*, können hingegen nur mit Adjektiven vorkommen, die ebenfalls eine negative Eigenschaft bezeichnen (*ekelhaft schmutzig,* aber nicht *ekelhaft nett* in der Bedeutung ,sehr nett').

Die Intensitätspartikel *sehr* kann als am weitesten grammatikalisiert gelten, da neben der lexikalischen Bedeutung auch die morphosyntaktischen Eigenschaften des ursprünglichen Adjektivs verloren gegangen sind. Noch im MHD existiert die ursprüngliche Bedeutung ,wund, schmerzlich':

(9)   so ist maniger geheilet, der nv vil *sere* wnd lit (Nibelungenlied C, Av. 4, 258)
        ,So ist mancher geheilt, der nun sehr schmerzhaft verwundet litt.'

Sêro findet sich im AHD häufig mit dem Verb ,wund sein', ,verwundet sein/werden'. Hermann Paul merkt in seinem *Etymologischen Wörterbuch* (1897) an, dass *sêro* zunächst nur mit Verben verwendet wird. ,Schmerzlich verwundet' bedeutet auch ,stark verwundet'. Dieser Zustand ist wie die graduierbaren Adjektive ebenfalls graduierbar. Der Grad des Verwundetseins wird durch ,schmerzlich' als hoch auf der betreffenden Skala bewertet.

Mit Adjektiven findet man *sêro* zunächst adjazent (d.h. direkt daneben) und gleichzeitig mit *viel*, das *sehr* später für skalierbare Eigenschaften ersetzt:

(10)   die frouwen wurden beide / vil *sêre zornic* gemuot (Nibelungenlied A 769, 4 B 826, 4)
        die Frauen wurden beide viel sehr zornigen Gemüts
        ,Die Frauen wurden beide sehr zornig.'

Bis nach Luther kann *sehr* in der Komparativ- (11a) und in der Superlativform (11b) auftreten:

(11) a. hantieren mit denen, die alle welt berauben, und stelen *seerer*, denn alle ander. (Luther 2, 490a, DWB)

b. szo denn die priester, die von göttlicher ordnung eingesetzt sind und gottis gesetz lernen, das mehr mall unnd *am sehrsten* yrren. (Luther 8, 377 *Weim. Ausg*, DWB)

Im heutigen Deutsch ist *sehr* als Intensitätspartikel nur durch Suppletivformen (d.h. Formen, die mit *sehr* nicht etymologisch nicht verwandt sind, und die die fehlenden Komparativformen ersetzen) steigerbar (*mehr, am meisten*).

Syntaktisch wird für Intensitätspartikeln eine Struktur wie die folgende angenommen (GP = Gradphrase):

(12)

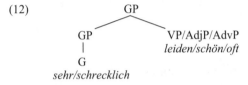

Im AHD werden die Adjektive, aus denen Intensifikatoren entstehen, in adverbialem Gebrauch mit einem skalierbaren Verb verwendet:

(13)

Durch die oben diskutierte Reinterpretation und Reanalyse wird aus dem Adjektiv ein Intensifikator bzw. eine Intensitätspartikel.

4.4 Zusammenfassung

In diesem Kapitel wurde die Reanalyse und Grammatikalisierung von Adjektiven wie *schrecklich* oder *furchtbar* zu Intensifikatoren behandelt. Sie haben im Unterschied zu stärker grammatikalisierten Intensitätspartikeln wie *sehr* noch eine starke expressive Komponente. Deshalb werden in der Jugendsprache gerne immer neue Intensitätspartikeln verwendet. Bei der Grammatikalisierung von Intensifikatoren spielen metaphorische und metonymische Verschiebungen eine wichtige Rolle: Der Grad der Wirkung wird als Grad der Eigenschaft reanalysiert. Damit einher geht auch die syntaktische Reanalyse von Adjektiven in attributiver und adverbialer Funktion zu Intensitätspartikeln oder Intensifikator.

Aufgabe 10: Gibt es andere Adjektive im heutigen Deutsch, die als Intensifikatoren benutzt werden? Erstellen Sie eine Liste. Führen Sie außerdem eine kleine Internetrecherche über die Adjektive *abscheulich* und *grauenhaft* durch. Finden Sie sie auch mit positiven Eigenschaften?

Grundbegriffe: Intensitätspartikel, Intensifikator, skalierbar/graduierbar.

Weiterführende Literatur: Zu Intensitätspartikeln finden Sie eine ausführliche Darstellung auch aus der diachronen Perspektive in Kirschbaum (2002 beide für Fortgeschrittene). Einen guten Überblick über die Problematik der Begrifflichkeit sowie über die semantischen und syntaktischen Eigenschaften dieser Klasse bietet Breindl (2009).

5. Grammatikalisierung von Konnektivadverbien und Modalpartikeln

Die bislang besprochenen Grammatikalisierungsprozesse im verbalen und nominalen Bereich beschränkten sich auf die Satzebene. Über die Satzgrenze hinaus finden jedoch weitere Grammatikalisierungsprozesse statt, bei denen aus lexikalischen Elementen satz- und diskursverknüpfende Elemente wie Konnektivadverbien (z.B. *allerdings*, *deswegen*) und Modalpartikeln (z.B. *doch*, *wohl*) entstehen. Dieser Typ der Grammatikalisierung verläuft auf der Text- und Diskursebene.

Grammatikalisierungsphänomene, die von einer Ebene in die andere führen, werden von Traugott (1988) durch die folgenden semantisch-pragmatischen Tendenzen systematisiert: In Phase I wird ein Ereignis oder eine Situation in einer Proposition beschrieben. Diese Ebene nennt Traugott ‚propositional'. Als Beispiel dient die Erweiterung der Bedeutung einer Präposition wie *nach* von lokal (*nach der Kreuzung*) zu temporal (*nach 10 Uhr*). Aus einer konkreten (internen) Situation in einem physischen Raum wird über metaphorische Übertragung auf eine abstraktere (externe) Situation geschlossen.

In Phase II werden Propositionen in verschiedene semantische Relationen zueinander gebracht. In dieser Phase wird beispielsweise die Präposition *nach* als Subjunktion reanalysiert: Zwei Ereignisse werden miteinander in eine temporale Beziehung gesetzt (wie *ich wil nu gerne sterben, nach dem ich dein angesicht gesehen hab*. Luther, 1 Mos 46, 30), sodass der Text kohärent strukturiert wird. Diese Ebene nennt Traugott ‚textuell'. *Nach(dem)* drückt eine – wie Traugott es nennt – ‚textuelle Relation' aus.

In Phase III wird die Sprechereinstellung in Bezug auf das Ereignis zum Ausdruck gebracht. Dies ist nach Traugott die ‚expressive' Ebene. Um bei *nach* zu bleiben: In bestimmten linguistischen Kontexten kann der Satz, der durch *nach(dem)* eingeleitet wird, kausal verstanden werden wie in (Der Pfarrherr) *verwundert sich seer uber solchem gebot, nach dem es ungewönlich war* (Luther 3, 32). Schematisch wird dieser Grammatikalisierungspfad von Traugott (1988: 409) so dargestellt:

I.   Die Bedeutung basiert in der externen Situation > interne Situation.
II. Die Bedeutung basiert in der externen oder internen Situation > textuelle Situation.
III. Die Bedeutung ist die Sprechereinstellung zur Situation.

Die Grammatikalisierung von Konnektivadverbien entspricht Tendenz II. Aus Elementen, die zunächst als Satzadverbien verwendet werden (propositionale Ebene), entstehen satzverknüpfende Elemente (textuelle Ebene), wie z.B. das konzessive Konnektivadverb *allerdings*. Die Grammatikalisierung von Modalpartikeln folgt hingegen Tendenz III (expressive Ebene). Modalpartikeln entwickeln sich aus unterschiedlichen Wortklassen und haben die Funktion, die Sprechereinstellung zu dem mit dem Hörer geteilten Wissen zu signalisieren. Der zunehmende Bezug zur Sprechereinstellung wird in der Grammatikalisierungsforschung auch als Subjektivierung bezeichnet (vgl. Abschnitt 1.2). Der Sprecher ist der Ausgangspunkt, von dem aus das Geschehen betrachtet wird, ähnlich wie bei der Beschreibung von Tempusrelationen (vgl. Abschnitt 2.1). Der Sprecher spielt also in dieser Hinsicht nicht nur auf der expressiven Ebene, sondern auch auf der propositionalen und der textuellen Ebene eine wichtige Rolle.

5.1 Konnektivadverbien im heutigen Deutsch

Konnektivadverbien sind Elemente wie *allerdings*, *immerhin*, *jedoch* oder *deswegen*.[4] Sie werden so genannt, weil sie aus Adverbien grammatikalisiert sind, mit denen sie weiterhin einige syntakti-

---

[4] Die Begrifflichkeit für solche Elemente ist problematisch: In DUDEN (2006) wird *allerdings* als Kommentaradverb, in Zifonun et al. (1997) als Konnektivpartikel klassifiziert.

sche Gemeinsamkeiten teilen, darunter ihre flexible Stellung im Satz. Diese Flexibilität dient der Steuerung der Informationsstruktur (Musan 2010). Das temporale Adverb *immer* beispielsweise kann an verschiedenen Stellen im Satz vorkommen, im Mittelfeld vor oder nach dem Akkusativobjekt (1ab) (Eisenberg 2013: 216-217):

(1) a. Helga liest *immer* den Spiegel.
     b. Helga liest den Spiegel *immer*.
     c. *Immer* Helga liest den Spiegel.

Satz (1a) hat die als normal geltende Abfolge; bei dieser Stellung wird das Akkusativobjekt *den Spiegel* am stärksten betont. Der Satz bedeutet, dass das, was Helga immer liest, der *Spiegel* ist. Satz (1b) hat eine ,markierte' (besondere) Abfolge. Dabei ist *immer* am stärksten betont, man sagt, es ist fokussiert. Durch die markierte Abfolge und die Fokussierung auf *immer* wird eine kontrastive Lesart von *immer* in Bezug auf mögliche Alternativen hervorgerufen. Die Interpretation des Satzes ist, dass Helga den Spiegel immer liest, und nicht nur selten oder manchmal. Eine weitere markierte Wortstellung ist (1c), in dem das Adverb *immer* zusammen mit dem Subjekt *Helga* im Vorfeld (1c) steht. Hier wird das Subjekt betont, was zu der Interpretation führt, dass die Person, die die Zeitung liest, immer Helga ist. Dabei erhält das Satzglied *Helga*, vor dem das Adverb *immer* steht, eine fokussierte Lesart.

Auch Konnektivadverbien können – genau wie as eben betrachtete temporale Adverb *immer* – verschiedene Stellungen im Satz einnehmen. Dies soll am Beispiel des Konnektivadverbs *allerdings* betrachtet werden. Im Vorfeld führt *allerdings* eine adversative bzw. einschränkende Interpretation ein:

(2) Berta war heute einkaufen, *allerdings* hat sie nicht geputzt.

Wenn *allerdings* nach einem Satzglied im Vorfeld steht (3a), erhält das Satzglied eine fokussierte Lesart. In (3a) wird Maria mit Berta in Bezug auf das Ereignis ,einkaufen' kontrastiert. Der Satz ist nicht mehr akzeptabel, sobald das Subjekt in beiden Teilsätzen gleich ist (3b), weil dann keine Kontrastierung möglich ist:

(3) a. Berta war einkaufen, Maria *allerdings* war nicht einkaufen.
     b. *Berta war einkaufen, sie *allerdings* hat nicht geputzt.

Im Mittelfeld (4a) führt *allerdings* eine ähnliche Interpretation ein wie im Vorfeld (2), mit dem Unterschied, dass die Stellung im Mittelfeld flexibler ist, vor allem, wenn das Mittelfeld komplex ist (Beispiele (4b) und (4c)):

(4) a. Berta war einkaufen, sie hat *allerdings* nicht geputzt.

b. Berta war einkaufen, sie hat *allerdings* die Schuhe nicht geputzt.
c. Berta war einkaufen, sie hat die Schuhe *allerdings* nicht geputzt.

Konnektivadverbien haben zudem eine satzverknüpfende Funktion, die sie teilweise in die Nähe von subordinierenden Konjunktionen rücken lässt. Ihre Funktion ist dabei eine ‚textuelle', um Traugotts Begriffe zu verwenden. Der Teilsatz, in dem ein Konnektivadverb steht, kann nämlich nur in Abhängigkeit von dem dazugehörigen anderen Teilsatz interpretiert werden:

(5) Die Texte für die Prüfung waren sehr schwierig, *deswegen* lernte Peter fleißig.

(6) Die Texte für die Prüfung waren sehr schwierig, *allerdings* lernte Peter kaum.

Das Konnektivadverb *deswegen* verbindet in (5) die beiden Teilsätze und führt eine kausale Bedeutung ein. Mit *deswegen* erklärt der Sprecher den Grund für das fleißige Lernen Peters, nämlich die schwierigen Texte. Satz (6) erhält durch *allerdings* eine adversativ-konzessive Bedeutung. Mit *allerdings* behauptet der Sprecher, dass die Texte schwierig waren. Er sagt aber auch, dass das, was nach *allerdings* steht (Peter lernte trotzdem kaum), gewichtiger ist.

Die meisten Konnektivadverbien des heutigen Deutschen sind während der Zeit des FNHD entstanden und haben die Konnektivadverbien des AHD ersetzt (Ferraresi 2011). Die Grammatikalisierung neuer Konnektivadverbien verläuft in ähnlicher Art und Weise: Aus einem Adverb (I.) entwickelt sich ein Satzadverb (II.), das zu einem Konnektivadverb grammatikalisiert wird und über die Satzgrenzen hinaus als satzverknüpfendes Element dient (III.):

(7) Grammatikalisierungsphasen von Konnektivadverbien

Äußerung	**KONNEKTIVADVERB**	Äußerung	III.
	⋀		
	Satzadverb	Ereignis	II.
	⋀		
	Adverb	VP	I.

Anhand der drei Phasen in (7) sieht man deutlich, wie aus einer satzinternen Bedeutung eine textuelle Funktion entsteht. Dies entspricht Tendenz II in Traugott (1988). Im nächsten Abschnitt wird das Konnektivadverb *allerdings* beispielhaft als Vertreter für die ganze Klasse betrachtet.

5.2   Die Grammatikalisierung des Konnektivadverbs *allerdings*

Das Konnektivadverb *allerdings* wurde aus der Nominalphrase *aller dinge* grammatikalisiert. Diese Nominalphrase mit adverbialer Funktion hatte ursprünglich die Bedeutung ‚vollständig, ausführlich, ganz'. Es war ein Adverbiale der Art und Weise, das die Verbalphrase modifizierte. Diese Verwendung der Nominalphrase *aller dinge* stellt Phase I in der Grammatikalisierung von *allerdings* dar (vgl. Schema in (7)). Ein Beispiel:

(8)   ich erkenne mich *aller Dinge* unwirdig dieser hohen Ehr und Gnade (Buchholtz, Wunder-Geschichte, Bd. 2, 946)

In der nächsten Phase II hat *aller dinge* satzadverbiale Funktion mit der Bedeutung ‚auf jeden Fall, wirklich'. In dieser Funktion ist *aller dinge* schon in den Texten des 16. Jh. belegt, wie in Beispiel (9) aus der Lutherbibel von 1545. Das Satzadverbiale *aller dinge* verschmilzt während dieses Jahrhunderts zu *allerdinge* (10). Die ersten Belege für *allerdings* sind ebenfalls bereits im 16. Jh. zu finden. Die -s-Endung ist ein alter Genitiv, der im AHD auch als adverbialer Kasus noch existierte (wie *links*, *morgens* oder *schlechterdings*). Im 17. Jh. ist *allerdings* vollständig etabliert (11):

(9)   *Aller dinge* mus die Menge zusamen komen (Luther, Bibel, 1545, Apg 21, 2)

(10)   durch solche anzeigung seiner almechtigkeit / jr vornembst Argutation zumal vnd *allerdinge* vffloese / gewaltiglich stürtze / vnd gantz zu nicht mache. (Johann Gropper, Gegenwertigkeit des Leybs und Bluots, Blatt 15 verso, 7-9)

(11)   CORNELIS. Ihr Gnaden wollen gewiß sagen / wo die verschammerirte Kappe ist / die sie gestern vom Schneider bekommen haben?
MIERTEN. Wo hab ich gestern ein Kleid vom Schneider kriegt?
CORNELIS. *Allerdings* haben sies gestern vom Schneider bekommen: Wer es nicht glauben will dem kan ichs mit dem Zettel beweisen. (Weise, Ein wunderliches Schau-Spiel, 23)

In der Funktion als Satzadverb verhält sich *allerdings* wie die Adverbiale *auf jeden Fall* oder *tatsächlich*. Diese werden in den Grammatiken als ‚rein assertive Adverbialia' innerhalb der Gruppe der ‚modalen Satzadverbialia' bezeichnet (Zifonun et al. 1997: 1126). Der Begriff ‚assertiv' bedeutet, dass die im Satz enthaltene Proposition durch solche Adverbialien bestätigt wird. Die Verwendung von *allerdings* als ‚assertives Adverb' mit der Bedeutung ‚auf jeden Fall' findet sich – wenn auch seltener – auch im heutigen Deutsch (12). In der Funktion als assertives Adverb ist *allerdings* endbetont:

(12) A: Wirst du morgen kommen?
    B: Allerdings (werde ich morgen kommen)!

Da die Information ‚ich werde morgen kommen' schon im vorigen Satz (mit Änderung des Subjekts) enthalten ist, ist sie bekannt. Sie ist also eine Hintergrundinformation, die unbetont bleiben oder sogar ganz weggelassen werden kann. Betont wird stattdessen das assertive Adverb, das die Wahrheit des Satzes bestätigt. *Allerdings* wird in diesem Fall wie eine Antwortpartikel benutzt. Breindl (2004) nennt diese Verwendung von *allerdings* ‚responsiv':

(13) Andy Rufener, geht man richtig in der Annahme, dass Sie über die 2:5-Niederlage bei den ZSC Lions frustriert sind?
    Andy Rufener: *Allerdings.* Die Zürcher waren am Dienstag ja wirklich nicht besser, nur glücklicher. (St. Galler Tagblatt, 01.11.1997)

(14) ist ein Beleg aus dem FNHD, der die responsive Verwendung von *allerdings* zeigt:

(14) Solte ich aber den / der mich so verachtet / (antwortete Amphilite) und der von meiner ehre solche dinge glauben können / wieder annemen müssen / nun er die spate reu erweiset?
    Allerdings! (sagte die Königin) und ob ja ihr nicht wollet / so wil doch ich es also haben (Anton Ulrich, Die durchleuchtige Syrerin Aramena, 1633, S. 646-647)

Die bislang diskutierten Grammatikalisierungsschritte von *allerdings* werden in der folgenden Tabelle schematisch dargestellt:

(15) Schema der Grammatikalisierung von *allerdings* – Schritte a. und b.

	Form	Funktion
a.	A: p B: *allerDINGS* p	assertives Adverb
b.	A: p (?) B: *allerDINGS* p̶	assertives Adverb (‚elliptisch-responsiv')

Aus der elliptisch-responsiven Verwendung von *allerdings* entwickelt sich anschließend die konnektive Funktion. Da bei dieser Verwendungsweise die Hintergrundinformation nicht realisiert wird, ermöglicht sie gleichzeitig die Hinzufügung neuer Information. Diese neue Information wird dann als Einschränkung zur vorherigen Aussage interpretiert – wie im folgenden Beispiel:

(16) Ich: Wer des Feuers genießen will, muß sich den Rauch gefallen lassen.
    Er: *Allerdings. Aber* weil der Rauch bei dem Feuer unvermeidlich ist, durfte man darum keinen Rauchfang erfinden? (Herder, Briefe zur Beförderung der Humanität, 1793-97, Bd. 1, S. 129-130)

Mit *allerdings, aber* wird dem Gesprächspartner zunächst etwas konzediert (also zugestanden), gleich im Anschluss jedoch wird gegen die Aussage des Gesprächspartners argumentiert. Diese Art der

Konzessivität stellt wahrscheinlich ein universelles rhetorisches Muster dar: Normalerweise ist es redundant, die Wahrheit der Partneraussage zu bestätigen. Nur in einem markierten Kontext ist es gerechtfertigt, nämlich dann, wenn ein Gegenargument eingeführt werden soll (im Englischen übernimmt dies z.B. *true, but…*).

In manchen Sätzen muss eine Ambiguität vorgelegen haben, die beim jeweiligen Hörer zu einer anderen Interpretation geführt hat. Diese Uminterpretationen stellen den Brückenkontext oder kritischen Kontext dar (vgl. Abschnitt 1.7). Ein solcher Kontext kann (17) sein, in dem *allerdings* zum ersten Satz gehört (17a), vom Hörer jedoch als assertives Adverb im Vorfeld des zweiten Satzes interpretiert wird (17b):

(17) a. Sprecher: [p *allerDINGS*]$_{Satz1}$ [*aber* q]$_{Satz2}$
      b. Hörer: [p]$_{Teilsatz1}$ [*allerDINGS aber* q]$_{Teilsatz1}$

In beiden Sätzen (17a und 17b) gilt der erste Teil als Konzession. In (17b) wird aber zugleich der zweite (q) als gewichtigeres Argument eingeführt. Ein Beleg für eine solche Uminterpretation ist (18):

(18) Der alte Deutsche, auch in seinen rauhen Wäldern, er kannte das Edle im Weibe und genoß an ihm die schönsten Eigenschaften seines Geschlechts, Klugheit, Treue, Mut und Keuschheit; *allerdings aber* kam ihm auch sein Klima, sein genetischer Charakter, seine ganze Lebensweise hierin zu Hülfe. (Herder, Ideen zur Philosophie der Geschichte der Menschheit, Bd. 1, S. 317)

Hier liegt eine Ambiguität vor: *Allerdings* kann sich sowohl auf den ersten (*Der alte Deutsche kannte…*) als auch auf den zweiten Teil (*sein Klima kam…*) beziehen. Im ersten Fall ist *allerdings* das assertive Adverb, das die Wahrheit des ersten Satzes bestätigt. Dies würde (17a) entsprechen. Im zweiten Fall ist es das assertive Adverb im Vorfeld, das die Wahrheit des zweiten Satzes behauptet (17b). Dadurch wird *allerdings* als Element des zweiten Satzes verstanden.

Mit der Reanalyse geht überdies semantischer Wandel einher: In Phase III in Schaubild (7) wird *allerding* nicht mehr als assertives Satzadverb interpretiert, mit dem die Wahrheit des Satzes als gegebene Information behauptet wird, sondern dient als verknüpfendes Element, das auf die Proposition im ersten Teilsatz Bezug nimmt. Als Konnektivadverb führt *allerdings* eine adversativ-konzessive Interpretation ein: Auch wenn p (der erste Teilsatz) wahr ist, ist q (der zweite Teilsatz) genauso wahr und sogar gewichtiger als p:

(19) (auch wenn p wahr ist,) *ALLerdings* q

Der Fokusakzent liegt dann nicht mehr auf *allerdings* selbst, sondern auf dem zweiten Teilsatz. Somit lässt sich die Entwicklung von *allerdings* zu einem Konnektivadverb in Ergänzung des Schemas in (15) wie folgt zusammenfassend darstellen:

(20) Schema der Grammatikalisierung von *allerdings* – Schritte a. bis e.

	Form	Funktion
a.	A: p B: *allerDINGS* p	assertives Satzadverb
b.	A: p (?) B: allerDINGS p̶	assertives Satzadverb (,elliptisch-responsiv')
c.	A: p B: allerDINGS p̶, aber q	Konzessiv im ersten Satz
d.	A: p B: p̶, allerDINGS aber q	Konzessiv im zweiten Satz
e.	p, ALLerdings q	Konnektivadverb

Auch die syntaktische Stellung von *allerdings* ändert sich mit der Grammatikalisierung zu einem Konnektivadverb: Im 18. Jh. nimmt die Zahl der Sätze zu, in denen *allerdings* satzinitial steht. Erst im 20. Jh. sind Sätze dokumentiert, in denen *allerdings* satzinitial und ohne Inversion auch andere Satztypen als Deklarativsätze einführt.

Vergleichbare Grammatikalisierungspfade lassen sich auch für andere Konnektivadverbien feststellen, die eine konzessive Lesart haben, wie z.B. *immerhin* (Ferraresi 2013). *Allerdings* wird inzwischen von den meisten Sprechern als Synonym für *aber* gebraucht, d.h. *allerdings* verliert allmählich die konzessive Bedeutung und behält die adversative.

5.3 Modalpartikeln

Tendenz III nach Traugott (1988) wird durch die Grammatikalisierung von Modalpartikeln (MP) exemplifiziert. Dabei geht es um geteiltes Wissen von Sprecher und Hörer. Auch bei der Grammatikalisierung von MP spielt die Informationsstruktur eine grundlegende Rolle. MP werden im heutigen Deutsch als pragmatische Elemente betrachtet, weil sie überwiegend in der gesprochenen Sprache benutzt werden. Ihre Präsenz ändert den Wahrheitswert des Satzes nicht. Die Bedeutung des partikellosen Satzes (21a) unterscheidet sich jedoch von der des partikelhaltigen Satzes (21b):

(21) a. Das ist so.
      b. Das ist *wohl/eben/doch* so.

Eisenberg (2013: 236), der MP als ,Abtönungspartikeln' bezeichnet, listet folgende Kerngruppe auf:

(22) Kerngruppe der Modalpartikeln
   aber, auch, bloß, denn, doch, eben, eigentlich, einfach, etwa, erst, halt,
   ja, jetzt, mal, nun, nur, schon, vielleicht, ruhig, wohl

Neben den älteren MP in (22) werden auch *eh, überhaupt, fein, ganz, gerade, gleich* und *wieder* als ‚neuere' Modalpartikeln angesehen. Wie aus der Liste der MP hervorgeht, haben sich diese aus unterschiedlichen Elementen grammatikalisiert (Hentschel 1986, Diewald 1997). Die Spenderlexeme für Modalpartikeln können Adjektive wie *ruhig* oder *eben*, Fokuspartikeln wie *nur* oder Antwortpartikeln wie *ja* sein. Hier zeigen sich einige Begleitprozesse, die typisch für Grammatikalisierung sind, wie etwa die paradigmatische Enge: Modalpartikeln wie *eben* können nicht im Vorfeld oder Nachfeld stehen, sie können nicht betont, erfragt oder negiert werden. Im Unterschied dazu das lexikalische Pendant: *Eben* als Adjektiv weist andere grammatische Eigenschaften auf, wie etwa Vorfeldfähigkeit, Betonbarkeit oder Erfragbarkeit. Diese zeigen den Satzgliedstatus des Adjektivs an, den die entsprechende Modalpartikel *eben* nicht hat.

Bei manchen Sprechakten bzw. Satzmodi ist die Präsenz von Modalpartikeln sogar obligatorisch. Der Satz in (23a) ist ohne die MP (23b) nicht als Wunschsatz interpretierbar:

(23) a. Wenn sie *doch/nur/bloß* käme!   Wunschsatz
     b. *Wenn sie käme!

Zu den syntaktischen Eigenschaften der Modalpartikeln zählt ihre Beschränkung auf das Mittelfeld, d.h. auf den Teil des Satzes zwischen dem finiten (linke Satzklammer) und dem nicht-finiten Verb (rechte Satzklammer):

                        Mittelfeld
(24) Karl **hat** [*eben/ja/aber* gestern große Sprüche] **gemacht**

Allerdings können manche Modalpartikeln (*auch, denn, bloß, nur, wohl, schon*) in Fragesätzen zusammen mit dem W-Element im Vorfeld stehen:

(25) a. **Warum** *auch/denn/bloß/nur/wohl* soll ich den Abwasch machen?
     b. **Wer** *schon* findet das gut?

Im Mittelfeld erscheinen Modalpartikeln an verschiedenen Stellen und markieren so informationsstrukturell unterschiedliche Elemente:

(26) a. Karl hat [***eben*** gestern große Sprüche] gemacht.
     b. Karl hat [gestern ***eben*** große Sprüche] gemacht.

Modalpartikeln stehen vor dem Rhema, also vor der bekannten Information. In (26a) ist ‚gestern große Sprüche‘, in (26b) ‚große Sprüche‘ Rhema. Bei neuen Informationen, dem sogenannten Thema, kann die MP *schon* vorangehen oder folgen (27a bzw. 27b):

(27) a. obwohl die Leute_{THEMA} das_{THEMA} heute *schon* so empfinden
    b. ich würde *schon* einen_{THEMA} mitnehmen

Modalpartikeln signalisieren, welche Propositionen bei Sprecher und Hörer akzeptiert, wahrscheinlich oder kontrovers sind. Zimmermann (2007) bezeichnet diejenige Bezugsperson als ‚*epistemic reference point*‘, deren Wissensstatus zur Debatte steht. Die Bezugsperson kann der Sprecher oder der Adressat (oder beide) sein. Bei der Modalpartikel *wohl* ist der Sprecher die Bezugsperson: Wenn der Sprecher sich des Sachverhalts sicher ist, kann *wohl* im Deklarativsatz nicht verwendet werden (Zimmermann 2011: 546):

(28) A: Wo ist Hein?
    B: *Ich weiß, wo Hein ist. Er ist *wohl* auf See.

Modalpartikeln zeigen im Gebrauch oft phonologische Abschwächung. *Doch* kann in einigen Dialekten klitisch realisiert und mit dem Personalpronomen *dir* verwechselt werden:

(29) Der hat-da (= *dir* bzw. *doch*) an Rausch!   (Abraham 1995: 586)
    („Der hat *dir/doch* einen Rausch!")

Auch die MP *denn* kann in reduzierter Form vorkommen. Die phonetisch abgeschwächten Formen von *denn* ([dən], [dn̩] oder sogar [n̩]) sind ebenfalls klitisch (Wegener 2002):

(30) MP: Was hat er*'n* gesagt? Was haste*'n* dann gesagt?

Interessant dabei ist, dass die kausale Konjunktion *denn* (31a) und das in manchen Varietäten vorkommende temporale Adverb *denn* (im Standarddeutschen ‚dann‘) (31b) in der klitischen Form nicht möglich sind (Wegener 2002: 379):

(31) a. Konj: …, *denn* / * *'n* er hat nichts gesagt.
    b. Adv: und *denn* / * *'n* hat er nichts mehr gesagt.

Die kausale Konjunktion und die MP können aufgrund von distributiven Eigenschaften auseinander gehalten werden: Erstere kann nur im Vorvorfeld, letztere nur im Mittelfeld stehen. Ambiguität entsteht nur zwischen der temporalen und der MP-Bedeutung.

Als MP steht *denn* auch in W-Fragen und in Entscheidungsfragen:

(32) a. Was hast du *denn* gekauft?
    b. Kommst du *denn*?

Tritt *denn* als MP in einer Frage wie (32a) auf, so hat sie eine anaphorische Funktion, der interrogative Sprechakt ist die Konsequenz einer präsupponierten Proposition (z.B. ,Du warst einkaufen'). Das bedeutet, dass in der Frage durch *denn* eine Information aufgegriffen wird, die sich Sprecher und Hörer teilen, ohne dass sie explizit geäußert wird. Bei einer solchen implizierten Information spricht man von Präsupposition. Die MP *denn* nimmt Bezug auf selbige Information:

> Die Funktion von *denn* liegt – in W-Fragen und Entscheidungsfragen gleichermaßen – darin, die Äußerung dadurch in den Interaktionszusammenhang einzubinden, daß ein Konnex zum Vorgängerbeitrag bzw. zu Folgerungen oder Implikaturen aus diesem oder allgemeiner zu Aspekten der Gesprächssituation hergestellt wird. *Denn* dient also dazu, anzuzeigen, daß der Anlaß für die Frage direkt in der aktuellen Kommunikationssituation liegt. Meist handelt es sich um eine explizite Äußerung des Gesprächspartners; Auslöser für die Frage kann aber auch ein anderer Anlaß in der Situation sein. (Thurmair 1991: 378)

Eine Frage wie (33B) kann durch *denn* als Reaktion auf die Aussage von (33A) verstanden werden (Wegener 2002: 386):

(33) A: Ich hab kein Geld mehr.
     B: Was hast du *denn* gekauft?

Aus der Aussage (33A) kann geschlossen werden, dass der Sprecher kein Geld mehr hat, weil er etwas mit seinem Geld gekauft hat. Auf diesen Umstand wird durch *denn* in (33B) Bezug genommen. Fragen mit *denn* können deshalb auch nicht gesprächseröffnend verwendet werden:

(34) ??Wie spät ist es *denn*?

Die Kontextbezogenheit von *denn* ist im AHD an der anaphorischen Bedeutung von *thanne* gut zu sehen, aus der – über den Zwischenschritt *dann* – die MP entsteht. Die altgermanischen Sprachen hatten eine Klasse von temporalen Adverbien, die aus Demonstrativen entstanden ist: Gotisch *þan(uh)*, Altenglisch *þa, þonne*, Althochdeutsch *thô, thanne*, mit der Bedeutung ,dann'. Sowohl *thô* als auch *thanne* sind temporale Adverbien, die eine zeitliche Relation zwischen zwei Sätzen einführen:

(35) *Thô* fragetun sie inan: uuaz nu, bist thu Helias? inti her quad: ni bim. Bist thu uuîzago? inti her antlingota nein. *Thô* quadun sie imo: uuer bist thú *thanne*? (Tatian 13, 21-22)
     ,Da fragten sie ihn: Was nun, bist du Elias? Und er sagte: Ich bin es nicht. Bist du ein Prophet? Und er antwortete nein. Dann sagten sie ihm: Wer bist du dann?'

Thô wird vor allem benutzt, um die Ereignisse temporal anzuordnen. *Thanne* hingegen hat schon eine kausale Interpretation. Wegener (2002: 384) leitet die kausale Bedeutung von der lokalen Bedeutung ‚daher‘ ab. *Thanne* ist die ablative Form (d.h. eine Kasusform neben Dativ, Genitiv, Akkusativ und Nominativ) eines Deiktikums:

(36) Indogermanisch **to* > Demonstrativpronomen > lok. Adverb *thanne* (‚daher‘) > temp. Adverb AHD *thanne*, MHD, NHD *dann, denn*.

Die Reinterpretation von lokal zu temporal und kausal wird von Wegener durch zunehmende Subjektivierung erläutert (parallel zu *weil*).

Im heutigen Deutsch sind beide Lesarten je nach Stellung im Satz auch mit *dann* noch vorhanden. *Dann* kann eine temporale Sequenz von Ereignissen markieren (*dann kam er und dann machte er das*). Im Mittelfeld markiert *dann* jedoch nicht nur die temporale Abfolge, wie das folgende Beispiel zeigt (Stutterheim/Roßdeutscher 2006: 4):

(37) Maria war krank. Sie war *dann* im Krankenhaus.

Maria war eine Zeit t lang krank und nicht im Krankenhaus. Einen Teil der Zeit t', die nach t folgte, war sie krank und auch im Krankenhaus:

(38)   t   t'

Dann im Mittelfeld signalisiert, dass sich das zweite Ereignis später zuträgt. Es wird außerdem als Konsequenz des ersten Ereignisses verstanden. Wenn die zwei Ereignisse schwerlich in kausal-temporale Relation zu setzen sind, ist *dann* im Mittelfeld nicht wirklich akzeptabel, wie im Beispiel (39): Der Aufenthalt in Paris kann nicht ohne Weiteres als Folge des Krankseins von Maria (39a) verstanden werden. In (39b) hingegen wird Davos als Kurort identifiziert, deshalb kann der Aufenthalt in Davos durchaus als Folge von Marias Krankheit interpretiert werden:

(39) a. ??Maria war krank und *dann* in Paris.
     b. Maria war krank und *dann* in Davos.

Mit *dann* im Vorfeld sind die zwei Sätze eindeutig als sequentiell zu verstehen. Die kausale Lesart ist hingegen nicht mehr möglich:

(40) Maria war krank. *Dann* war sie im Krankenhaus.

```
          t
   --------------------                    t'
                          ------------------------------------
```

Mit *dann* wird ein Zustandswechsel signalisiert. Steht das Subjekt *sie* im Vorfeld – wie in (37) – geht der Hörer davon aus, dass Maria noch krank ist und dass der Zustandswechsel darin besteht, ins Krankenhaus zu gehen (noch in krankem Zustand). Mitverstanden wird auch, dass der Grund für diesen Wechsel Marias Kranksein ist. Wenn jedoch *dann* im Vorfeld steht – wie in (40) – wird der Satz so interpretiert, dass der Zustandswechsel im Wechsel vom Krank- zum Nichtkranksein besteht. Das Ereignis des Ins–Krankenhaus- gehens wird als temporal sequentiell verstanden. Es wäre inkohä- rent anzunehmen, im nicht-kranken Zustand ins Krankenhaus zu gehen. Nur das Mittelfeld-*dann* unterstützt auch die kausale Lesart, wenn im zweiten Satz ein neuer Zustand oder eine Handlung be- schrieben wird, die mit dem ersten Satz in einen kausalen Zusam- menhang gebracht werden kann. Das Vorfeld-*dann* markiert nur die temporale Abfolge der Ereignisse.

Man erkennt an den Daten des Althochdeutschen (41), dass *thanne* kausal interpretiert wird, wenn es im Mittelfeld steht: Dabei stellt *thanne* einen Bezug auf eine vorangehende Situation her, die die Ursache für einen Zustand oder ein Ereignis ist:

(41) quam uuarlihho / iohannes noh ezenti / noh trinkenti inti quedent *thanne* / her habet diuual (Tatian, 218, 31-32; 219, 13)
Kam dann Johannes ohne zu essen und zu trinken, und sie sagten dann: Er hat den Teufel.
ienit enim iohannes neque manducans neque bibens, et dicunt: demonium habent.

Die temporale Lesart ergibt sich nur mit *thanne* im Vorfeld:

(42) Lihhizari, áruuirph zí heristen / balcon fon thinemo ougen / *thanne* gisihs thú zíaruuerphanne / fesun fon thines bruoder ougen (Tatian, 159, 4-7)
Heuchler erst zieh heraus Balken aus deinem Auge dann sieh zu ziehen Splitter aus deines Bruders Auge
‚Heuchler, ziehe erst den Balken aus deinem Auge, dann siehe zu, wie du den Splitter aus dem Auge deines Bruders ziehst.‘
Hypocrita, eice primum trabem de oculo tuo. Tunc uidebis eicere festu- cam de oculo fratris tui.

Aber *thanne/dhanne* kann auch im Vorfeld nach einer Frage vor- kommen und somit den Satz als Fragesprechakt rechtfertigen (‚deswegen frage ich‘) (43). In Luthers Bibel von 1545 findet sich *denn* oft nach Fragen (44):

(43) ni angil nist anaebanchiliih gote? *Dhanne* so dhrato mihhil undarscheit ist
undar dhera chiscafti chilihniddu endi dhes izs al chiscuof. (Isidor III, 5)
nicht Engel nicht-ist gleich Gott? *Denn* so der große Unterschied ist zwischen dem Geschöpfe Bild und dem-der es alles schuf.
‚Doch ist ein Engel nicht gleich Gott? Denn so überaus groß Unterschied
ist zwischen der Geschöpfe Gleichheit und dem-der es alles schuf.'
(44) Herr / hastu nicht guten Samen auff deinen acker geseet? Wo her hat er
denn das Vnkraut? (Luther, Mt. 13, 22)

Diese Verwendung ist auch die Quelle für die MP *denn*. Die Frage
in (45) kann beispielsweise beim Gewecht-werden geäußert werden. Dabei bleibt der anaphorische Charakter von *denn* erhalten,
allerdings bezieht sich der Sprecher durch *denn* auf eine extralin-
guistische Situation:

(45) Wie spät ist es *denn* (, dass du mich weckst)?

Im Bairischen hat sich *denn* als Interrogativmarker weiter grammatikalisiert, und zwar als klitisches Element *-n* (Bayer 1984, Weiß
2002):

(46) Wann hod -a -s-da -**n** zoagt?
Wann hat-er-es-dir-**n** gezeigt?

Interessant dabei ist, dass *-n* im Bairischen in W-Fragen obligatorisch ist (Weiß 2002):

(47) a. *Wos hosd g'sogd?
b. Wos hosd'**n** g'sogd?
c. Was hast-du-**n** gesagt?

Denn scheint sich vor allem aus dem süddeutschen Raum (wieder)
weiter in Deklarativsätzen zu verbreiten, wie der Beleg in (48)
zeigt. Hier wird *denn* mit der Funktion benutzt, die Aussage durch
eine vorangehende Äußerung zu begründen:

(48) „Noch weniger technisch zu erscheinen" ist die erklärte Absicht von
Neueinsteiger Mondia. Sein Modell mit dem Namen „Energy-Bike"
wirkt *denn* auf den ersten Blick eher wie ein modernes Stadtrad.
(A97/APR.00581 St. Galler Tagblatt, 25.04.1997)

Die Erklärung für die Äußerung, das Modell ‚Energy-Bike' wirke
wie ein modernes Stadtrad, ist die Absicht der Firma, weniger technisch zu erscheinen. In diesem Fall macht die MP einen weiteren
Schritt im Grammatikalisierungsprozess, indem sie in weiteren
‚Änderungskontexten' (Heine 2002) eingesetzt wird.

Es ist also nicht überraschend, dass Fokuspartikeln oder Satzadverbien zu Diskurselementen werden.

5.4 *Wieder* eine Modalpartikel!

Im heutigen Deutsch scheinen sich weitere Adverbien wie *wieder* zu Modalpartikeln zu grammatikalisieren (Pittner 2009) wie in Satz (49):

(49) Wie war sein Name (gleich) *wieder?*

Hier hat *wieder* nicht die Adverbbedeutung ‚erneut', der Name hat sich ja nicht geändert. Stattdessen wird auf eine Information Bezug genommen, die für den Sprecher aktuell sein sollte, die er aber zur Sprechzeit nicht aktivieren kann. Der Hörer soll den Wissenszustand des Sprechers wiederherstellen. In der Bedeutung der Wiederherstellung entspricht die MP *wieder* dem Spenderlexem *wieder* als Adverb. Das Adverb *wieder* hat im heutigen Deutsch zum einen die Bedeutung der Wiederherstellung eines Zustands (restitutiv) (50a), zum anderen aber auch der Wiederholung eines Ereignisses (repetitiv) (50b):

(50) a. Sie hat das Fenster geschlossen und *wieder* geöffnet.   (restitutiv)
     b. Sie lachten und lachten immer *wieder.*   (repetitiv)

Durch *wieder* wird die Präsupposition ausgelöst, dass es einen Zustand gab, der wiederhergestellt wird (bei der restitutiven Lesart (51)) oder ein voriges Ereignis, das wiederholt wird (bei der repetitiven Lesart (52)) (nach Fabricius-Hansen 2001):

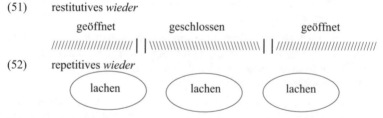

(51)   restitutives *wieder*

       geöffnet   geschlossen   geöffnet

(52)   repetitives *wieder*

       lachen   lachen   lachen

Die repetitive Bedeutung von *wieder* ist von der restitutiven abgeleitet. Zunächt hatte *wider* in den althochdeutschen Texten nur restitutive Bedeutung. Die repetitive Bedeutung wurde durch *afur*, von dem *aber* stammt (in *abermals* ist diese Bedeutung noch präsent), wiedergegeben. Die verbale Wortbildung zeigt diesen Unterschied in der repetitiven und in der restitutiven Bedeutung, je nachdem, ob das Verb mit *wider* oder mit *afur* gebildet wird:

(53)   *widarsagen* ‚erwidern' vs. *afursagen* ‚wiederholen'
       widarbringan ‚zurückbringen' vs. *afurbringan* ‚wieder bringen'

Beide Adverbien können gemeinsam im selben Satz vorkommen, da sie unterschiedliche Bedeutungen haben, wie in (54) und (55) mit Belegen aus dem Alt- und Mittelhochdeutschen:

(54) keuualt habinde sînin lib ze lazzene, unde *aber uuider* ze nemenne
(Notker, Ps., 87 (360,5))
Möglichkeit habend, seine Seele abzugeben und wieder zurück zu nehmen
postestatem ponendi animam suam et iterum sumendi eam

(55) daz er *aber wider* begunde (Trist. 19250 aus Grimm)
dass es abermals wiederum anfing

Aber hat in beiden Sätzen repetitive, *wider* restitutive Bedeutung. Das ist zunächst ein Hinweis darauf, dass das restitutive *wider* dem Verb näher steht. Dies zeigt sich auch im heutigen Deutsch, wenn beide Adverbien gleichzeitig im Satz ausgedrückt werden. Wenn ein *wieder* zusammen mit dem Verb topikalisiert wird, hat das topikalisierte restitutive Bedeutung (Pittner 2000):

(56) *Wieder* repariert hat er das Auto *wieder*.

In Tatian (9. Jh.) findet sich kein *wider* und alle 40 Vorkommen des lateinischen *iterum* ‚erneut‘ werden mit *afur* übersetzt. In Notker (10./11. Jh.) dagegen wird *aber* vorwiegend schon als adversative Konjunktion benutzt; es steht in den meisten Fällen für die lateinischen Diskurspartikeln *autem* und *sed*. Interessant dabei ist, dass auch *aber* sich zu einer MP grammatikalisiert hat (Diewald 1997). In den mittelhochdeutschen Texten hat *wider* sowohl repetitive (57a) als auch restitutive (57b) Bedeutung, und zwar beim selben Autor. Noch bis Luther (58) behält *aber* jedoch die repetitive Bedeutung:

(57) a. nû riten *wider* ûf in / die zwêne die noch werten (Iwein 5342-5344)
dann ritten wieder auf ihn die beiden die noch lebten
‚Nun ritten wieder die beiden gegen ihn an, die noch unversehrt waren.‘

b. dô ich dâ wider ûf gesaz, /dô was er komen daz er mich sach. (Iwein 708-709)
‚Als ich *wieder* aufgesessen war, war er so nahe gekommen, dass er mich sah.‘

c. die porte wurde zuo getân,/dâ sî durch was gegangen: / und er was alsô gevangen / daz im *aber* diu ûzvart / anderstunt versperret wart. (Iwein 1704-1708)
‚Die Tore wurden geschlossen, als sie hindurchgegangen war und auf diese Weise war er gefangen, so dass ihm der Ausweg wieder zum zweiten Mal versperrt war.‘

(58) offenbarte sich *aber* (manifestavit se iterum; Luther, Joh. 21,1 aus Grimm)

Die Modalpartikelbedeutung des Adverbs *wieder* scheint sich im heutigen Deutsch aus der repetitiven bzw. restitutiven Bedeutung entwickelt zu haben (Pittner 2009):

(59) a. Wie war sein Name (gleich) *wieder*?
      b. Wie war *wieder* das Geburtsdatum?

In (59a) bittet der Sprecher den Hörer, sein Wissen über den Namen wieder zu aktivieren. Es handelt sich also um das restitutive *wieder*. In (59b) ist die zugrunde liegende Bedeutung die repetitive. Dabei soll eine frühere Sprechhandlung des Hörers wiederholt werden. *Wieder* in (59b) könnte auch durch *nochmal* ersetzt werden, das eine eindeutig repetitive Bedeutung hat. In (59a) wäre *nochmal* etwas markiert. In beiden Fällen soll die Sprechhandlung das Wissen der Gesprächsteilnehmer aktualisieren. Zudem zeigen die Beispiele in (59), dass die MP *wieder* nur in Ergänzungsfragen vorkommen kann. In anderen Satztypen hat *wieder* nur die adverbiale Lesart:

(60) Sag mir seinen Namen gleich *wieder*!

Auch andere temporale Adverbien haben eine MP-Lesart (Pittner 2009). In den folgenden Belegen kann sich z.B. *noch* nicht auf die Proposition beziehen:

(61) a. Wie war das *noch*?
      b. Wie hieß er *noch*?

Mit *noch* drückt der Sprecher aus, dass die erfragte Information nicht präsent ist, dass er sie aber eigentlich weiß oder zumindest zu einem früheren Zeitpunkt wusste.

Mit MP wie *wieder* und *noch* wird die Frage durch den Bezug auf den Wissenstand des Sprechers im pragmatischen Kontext angesiedelt und der Frage wird eine größere Relevanz verliehen.

Im Grammatikalisierungsprozess von *wieder* zu einer MP kann deutlich gesehen werden, wie aus einem Adverb ein Element wird, das nach Tendenz III Bezug auf den aktuellen Wissensstand des Sprechers nimmt. Durch die Verwendung von MP sollen die zu aktualisierende Informationen im Hintergrundwissen von Sprecher und Hörer verankert werden. So dienen MP dazu, Informationen, die zum Wissenstand von Sprecher und Hörer gehören, in einen kohärenten Zusammenhang zu bringen.

5.5 Zusammenfassung

In diesem Abschnitt wurden Grammatikalisierungsprozesse diskutiert, die nach Traugott (1988) als Tendenz II und III angesehen
werden können: Die Grammatikalisierung von Konnektivadverbien
entspricht Tendenz II, MP entwickeln sich nach Tendenz III.

- Konnektivadverbien entstehen aus Adverbien, die zunächst als
  Satzadverbien und in einem weiteren Schritt als Konnektivadverbien reanalysiert werden. Ihre konnektive Funktion besteht darin,
  dass sie auf eine Information im ersten Teilsatz Bezug nehmen
  und diese durch eine spezifische semantische Relation wie Konzessivität oder Adversativität mit dem zweiten Teilsatz verknüp-
  fen. Die Grammatikalisierung des Konnektivadverbs *allerdings*
  wurde exemplarisch für die ganze Klasse besprochen.
- Mithilfe einer Modalpartikel wird auf den gemeinsamen Wissenstand von Sprecher und Hörer Bezug genommen, der aktuali-
  siert werden soll. Im Fall von *denn*, das aus dem temporalen *dann*
  grammatikalisiert wurde, wird ein Fragesprechakt begründet. Bei
  wieder, einer rezenteren MP, die sich aus dem restitutiven bzw.
  repetitiven Adverb *wieder* entwickelt hat, bittet der Sprecher den
  Hörer, eine Information wiederherzustellen oder eine Äußerung
  zu wiederholen. Auf diese Weise dienen MP der kohärenten
  Strukturierung von Informationen, die im Wissenstand von Sprecher und Hörer verankert sein sollen.

Aufgabe 11: Machen Sie eine kurze Internetrecherche über die Konnektivadverbien *jedoch, dennoch* und *immerhin*. In welchen Positionen im Satz und
mit welcher Bedeutung werden sie im heutigen Deutsch benutzt?
Aufgabe 12: Analysieren Sie folgende Sätze: *Er wird schon kommen* vs. *Er ist
schon gekommen*. Welche Bedeutung hat *schon*? Worin liegt der Unterschied?

Grundbegriffe: Konnektivadverbien, restitutiv, repetitiv, Modalpartikeln.

Weiterführende Literatur: Zur Diachronie von Konnektivadverbien Ferraresi
(2013). Mehrere Studien beschäftigen sich mit der Grammatikalisierung ein-
zelner MP wie Abraham (2000c) oder Hentschel (1986).
Einen detaillierten diachronen Überblick zu den einzelnen MP liefert Hentschel
(1986). Ein einführendes Werk zur Grammatikalisierung von MP ist Diewald
(1997) Kap. 4.

6. Grammatikalisierung und Sprachwandeltheorie

Im ersten Kapitel dieses Bandes wurden einige wichtige Themen und Thesen der Grammatikalisierungsforschung mit ihren Grundbegriffen ohne weitere Diskussion vorgestellt. In diesem Kapitel soll die Grammatikalisierungsforschung nun in einen größeren Kontext eingebettet werden, indem Grammatikalisierung im Rahmen einer Sprachwandeltheorie betrachtet wird. In der Einleitung in Hopper/Traugott (1993/2003: 1) schreiben die beiden Autoren, dass sich der Begriff ‚Grammatikalisierung' auf einen Bereich der Sprachwandelforschung bezieht, der sich mit der Frage auseinandersetzt, wie lexikalische Elemente in bestimmten sprachlichen Kontexten grammatische Funktionen entwickeln. Basierend auf dieser Begriffsbestimmung versteht man Grammatikalisierung als Spezialfall des morphosyntaktischen Wandels – und damit als Teilgebiet der historischen Sprachwissenschaft. Die Grammatikalisierungsforscher haben im Gegensatz dazu jedoch eine eigene Theorie mit eigenen Prinzipien. Welchen Wert hat es also, einen Bereich der historischen Sprachwissenschaft als getrennte Forschungsrichtung anzusehen? Unter den Forschern, die sich mit historischer Sprachwissenschaft beschäftigen, finden sich zwei unterschiedliche Positionen. Für die Vertreter der ersten Position ist Grammatikalisierung nur eine Erscheinung des Sprachwandels, die die gleichen Mechanismen und Ergebnisse wie andere Sprachwandeltypen aufweist, wie z.B. der syntaktische Wandel. Für die Vertreter der zweiten Gruppe dagegen ist Grammatikalisierung ein einheitlicher, spezieller Forschungsbereich, der von anderen Typen des Sprachwandels auseinander zu halten ist. Lehmanns Parameter, die im Abschnitt 1.3 diskutiert wurden, sind ein erster Versuch, die Regelhaftigkeit von Grammatikalisierungsphänomenen festzuhalten. Im Folgenden werden die Argumente beider Positionen vorgestellt.

6.1 Grammatikalisierung als Sprachwandeltyp?

Sprachwissenschaftler, die die erste Position vertreten, negieren die Existenz eines spezifischen Typs des Sprachwandels, der als Grammatikalisierung bezeichnet wird. Campbell (2001) führt als Argument an, dass keine reelle, sondern eine künstliche Trennung zwischen den Erscheinungen besteht, die als typisch für Grammatikalisierung bezeichnet werden können, und denjenigen, die bei anderen Typen des Sprachwandels vorkommen, wie beispielsweise bei der phonologischen Abschwächung. Nicht nur werden grammatikalisierte Elemente nicht immer phonologisch abgeschwächt realisiert – man denke an die grammatikalisierten Auxiliarverben wie *werden* oder *bekommen*, die ihre Form unverändert beibehalten – sondern es kommt auch vor, dass Elemente im Lexikalisierungsprozess phonologisch reduziert werden. Bei der Lexikalisierung entstehen neue Lexeme, allerdings keine mit einer grammatischen Funktion. Ein häufiges Lexikalisierungsverfahren tritt auf, wenn Komposita, die für manche Sprecher in ihrer Wortbildung intransparent geworden sind, anders segmentiert (d.h. anders zerlegt) und als neues Wort reanalysiert werden (z.B. ahd. *heri zogo* ‚Heer Führer‘ > *Herzog*). Dabei werden die Kompositionsbestandteile oft phonologisch reduziert. Durch Konventionalisierung wird dann das neue Lexem ins Lexikon aufgenommen. Semantische Abschwächung ist gleicherweise im Lexikalisierungsprozess Voraussetzung dafür, dass ein Kompositum nicht mehr als solches interpretiert wird, gleichzeitig aber auch bei Grammatikalisierung dafür, dass ein Element grammatikalisiert wird. Bei *Herzog* beispielsweise erkennt kaum ein Sprecher des Deutschen, dass *-zog* mit *ziehen* zu tun hat – genauso wie er erkennt, dass *Zug* mit *ziehen* zu tun hat.

Reanalyse ist auch in anderen Bereichen der Grammatik ein weit verbreiteter Mechanismus, der zu neuen Wörtern oder Strukturen führt, wenn eine Abfolge von Lauten, Morphemen oder Wörtern anders analysiert wird. Das französische *le chien* ‚der Hund‘ wird im Seychellen-Kreol zu *lisyen* ‚Hund‘, weil der Artikel *le* in der französischen Wortkette von einer Generation von Sprechern des Kreols nicht als freies Morphem mit einer grammatischen Funktion analysiert wurde, sondern als Teil des Nomens (Detges/Walterei 2002: 7). Phonologische Abschwächung, semantische Abschwächung und Reanalyse sind also Mechanismen des Sprachwandels, die nicht nur in Grammatikalisierungsphänomenen anzutreffen sind. Deshalb können sie nicht als Diagnostiken für Grammatikalisierung dienen. Newmeyer (2001: 188) geht sogar so weit zu behaupten, ‚that there is no such thing as grammaticalization‘. Für Newmeyer (2001) ist es nur ein ‚Epiphänomen‘ (d.h. eine Nebenerscheinung), dass die genannten Mechanismen auch bei der Grammatikalisierung stattfinden. Darauf eine spezielle Theorie der Grammatikalisierung zu begründen, scheint Newmeyer nicht gerechtfertigt.

6.2 Grammatikalisierungsforschung als neue Richtung in der historischen Sprachwissenschaft

Wie in Kapitel 1 kurz angerissen wurde, hat man schon im 19. Jh. die Entwicklung lexikalischer Einheiten zu grammatischen Elementen als spezielle Form des Sprachwandels beobachtet und beschrieben. Durch die Theorisierung in Lehmann (1982/1995), Heine et al. (1991), Traugott/Heine (1991) und Hopper/Traugott (1993/2003) von Ende der 1980er bis Anfang der 1990er Jahre bekam die Grammatikalisierungsforschung einen beachtlichen Schwung, wie die Fülle an Publikationen seither bezeugt. Die Emphase in der Diskussion innerhalb dieser zweiten Position liegt vor allem auf dem pragmatischen Aspekt. Dabei wird hervorgehoben, dass nur in spezifischen linguistischen Kontexten oder Konstruktionen, die ‚neue' inferentielle Prozesse im sogenannten Brückenkontext erlauben, eine neue grammatische Funktion entstehen kann (vgl. Abschnitt 1.7 über die verschiedenen Typen von Kontext). Im grammatischen System entstehen so neue Klassen, die bereits vorhandene Elemente ‚aufsaugen' (wie die Modalpartikeln in unterschiedlichen Wortklassen, vgl. Kap. 5). Alternativ dazu werden neue Mitglieder in derselben Weise in eine existierende grammatische Klasse übernommen (wie die Perfektformen aus der Konstruktion *haben* + adjektivisches Partizip im Tempussystem, vgl. Kap. 2). Diese Sicht hat in den letzten Jahren auch dazu geführt, die Rolle von Konstruktionen in der Grammatikalisierung näher zu spezifizieren (vgl. Abschnitt 1.7).

Lehmann (1982/1995: V) führt in der Einführung seines Werkes aus, dass bei der Grammatikalisierung verschiedene semantische, syntaktische und phonologische Prozesse miteinander interagieren, die auch der Lexikalisierung eigen sind. Spezifisch für Grammatikalisierungsprozesse ist lediglich die Tendenz zu ähnlich verlaufenden Phasen bei vergleichbaren Grammatikalisierungsphänomenen. Sprachübergreifend finden ähnliche Grammatikalisierungsprozesse in den gleichen Schritten und mit den gleichen Mechanismen statt, die die Grammatikalisierungsforscher in sogenannten Pfaden darzustellen versuchen (vgl. Abschnitt 1.2). Diesbezüglich hat eine intensive Debatte über die Direktionalität in der Grammatikalisierungsforschung stattgefunden. Für Lehmann (1982/1995) ist die Direktionalität, d.h. die Unumkehrbarkeit der Prozesse, zusammen mit der Paradigmatisierung des sprachlichen Zeichens das, was Grammatikalisierung ausmacht. Er hält in seinen Parametern fest, dass das grammatische Zeichen Teil eines Paradigmas wird und somit

Beschränkungen und Regeln des Systems unterliegt. Das grammatikalisierte Zeichen, das im Paradigma völlig integriert ist, steht demnach in Opposition zu den anderen Mitgliedern desselben Paradigmas (wie die Opposition Perfekt vs. Präteritum im System der Vergangenheitstempora oder beide Tempora in Opposition zu Präsens und Futur). Das Problem der sprachlichen Normierung wird aus didaktischer Sicht in Sahel/Vogel (2013) aufgegriffen, aber für unsere Frage nach dem Wert der Grammatikalisierung ist es natürlich ebenso von Bedeutung. Nach dem ‚linguistischen Sprachbegriff' (Sahel/Vogel 2013) ist Sprache ein in einer Sprachgemeinschaft verwendetes Zeichensystem. Konkret existente Sprachen (z.B. die Sprache ‚Deutsch') werden von Sprachwissenschaftlern als ‚natürliche Sprachen' (im Gegensatz zu künstlichen Sprachen) bezeichnet, als ob sie natürliche Untersuchungsobjekte wären mit Regeln und Prozessen, die mit naturwissenschaftlichen Methoden untersucht werden könnten. Dabei ist der Begriff ‚natürliche Sprachen' irreführend, so Sahel/Vogel (2013: 68), weil es „eben sich dabei nicht um Objekte der Natur handelt, sondern um soziokulturelle Artefakte – vergleichbar mit […] den in einer Gemeinschaft geltenden Höflichkeitsnormen". Mit dieser Beschreibung sind nur die Standardsprachen gemeint und in dieser Auffassung von Sprachsystem steht die Sprachgemeinschaft und nicht das Individuum im Vordergrund. Der individuelle Sprachgebrauch kann dabei nicht berücksichtigt werden, obwohl selbstverständlich die sprachlichen Äußerungen nur von individuellen Sprechern realisiert werden. Diese werden aber „erst vor dem Hintergrund der Sprachgemeinschaft versteh- und bewertbar", so Sahel/Vogel (2013: 68). In der neuhochdeutschen Standardsprache, die aus einer überregionalen Ausgleichssprache entstanden ist, werden Sprachwandelprozesse in der Kodifizierung kaum oder nur sehr langsam berücksichtigt. Diese finden nämlich zunächst nur im Sprachgebrauch der individuellen Sprecher statt. Einige ‚sprachnormerische' Bemühungen, die vor allem in den ersten Kodifizierungen der Standardsprache Eingang fanden, haben dazu geführt, dass in der kodifizierten Grammatik (im Sinne der Grammatikographie) noch immer einige ‚künstliche' Merkmale enthalten sind. Eisenberg (2006: 9) umreißt das Problem so: Soll die Grammatik etwa das Standarddeutsche beschreiben, so muss der Standard aus dem Kontinuum der Varietäten isoliert werden. Das bedeutet konkret, dass die Grammatik einer Standardsprache nie den tatsächlichen individuellen Sprachgebrauch widerspiegelt. Manche Strukturen, die von individuellen Sprechern innerhalb der Sprachgemeinschaft systematisch benutzt werden und fest zu ihrem Sprachsystem gehören, finden so keine Beachtung oder werden sogar stigmatisiert. Für Albrecht jedoch (1990: 48 zitiert aus Weiß 2004: 591) sind Standardsprachen nur in einem eingeschränkten Sinne ‚natürliche Sprachen'. Und schon Schleicher (1860: 170 zitiert aus Weiß 2004: 592) hat das Problem erkannt:

> An dem Mangel ausnahmslos durchgreifender Lautgesetze bemerkt man recht klar, daß unsere Schriftsprache keine im Munde des Volkes lebendige Mundart, keine ungestörte Weiterentwicklung der älteren Sprachform ist. Unsere Volksmundarten pflegen sich als sprachlich höher stehende, regelfestere Organismen der wissenschaftlichen Betrachtung darzustellen als die Schriftsprache.

Als Beispiel nennt Weiß (2004: 605) den adnominalen Genitiv (d.h. der Genitiv, der attributiv nach einem Nomen steht wie *das Haus der Mutter*), der neben Nominativ, Akkusativ und Dativ als vierte Kasusform des Neuhochdeutschen klassifiziert wird. In den Dialekten ist der adnominale Genitiv jedoch verloren gegangen und durch andere Konstruktionen ersetzt worden wie den pränominalen Dativ *der Mutter ihr Haus*. Der Genitiv ist nur im Standarddeutschen in dieser Funktion erhalten (Fleischer/Schallert 2011). Ein weiteres Beispiel, das sogar als Beispiel grammatisch-inkonsistenter Konstruktionen dient, ist der Artikelgebrauch bei Eigennamen, die – wie in Kapitel 3 teilweise bereits gesehen – eine spezielle nominale Klasse bilden. In den Grammatiken wird die Eigenschaft genannt, dass sie ohne Artikel benutzt werden. Sie sind angeblich inhärent (d.h. semantisch) definit (vgl. Kapitel 3) und benötigen für die Identifizierbarkeit keinen Definitartikel. In den Dialekten und in der Umgangssprache werden Eigennamen im Gegensatz dazu eher mit dem Definitartikel gebraucht (*Die Uschi hat mich angerufen*). Übersehen wird in den grammatischen Beschreibungen jedoch, dass der Definitartikel auch in der Standardsprache obligatorisch ist, wenn ein Attribut den Eigennamen modifiziert (Weiß 2004: 610):

(1) *Der leicht erkältete Peter* traf *die bereits wartende Maria.*

Die Beschreibung der Eigennamen als nominale Klasse, die ohne Artikel gebraucht wird, berücksichtigt lediglich den gehobenen geschriebenen Sprachstil und lässt den Gebrauch der artikelhaltigen Eigennamen in der Umgangssprache und in den Dialekten unberücksichtigt; sie ist darüber hinaus auch grammatisch inkonsistent. Sahel/Vogel (2013) diskutieren in diesem Rahmen die sogenannte *tun*-Periphrase (3) als Konstruktion, die eine starke Stigmatisierung erlebt hat. In mehreren Dialekten wird sie seit dem 14. Jh. verbreitet verwedet (Langer 2001). Sie wird mit dem flektierten Verb *tun* als Auxiliarverb und dem Infinitiv des Vollverbs gebildet:

(2)   Peter *tut/tat schlafen.*

Diese Konstruktion wird nur in den Beschreibungen regionaler Varietäten erwähnt, nicht aber in den Grammatiken. DUDEN (2006: 422) nennt das Verb *tun* als ‚Verb mit Spezialfunktion' nur, wenn der Infinitiv topikalisiert (in der Anfangsstellung) steht:

(3)   *Sehen tu* ich nichts.

Daraus ergibt sich wieder eine grammatisch-inkonsistente Beschreibung. Wenn die *tun*-Periphrase im Allgemeinen keine standardsprachliche Konstruktion ist, wie soll (4) dann gebildet werden? Damit verbunden ist die Frage der Paradigmatizität. Die meisten Sprachwissenschaftler und Grammatikalisierungsforscher gehen von einem standardsprachlichen normierten System aus, in dem eine begrenzte Anzahl von Formen innerhalb eines Paradigmas miteinander in Opposition stehen. Die Menge der Formen und Konstruktionen eines Paradigmas und die daraus resultierenden Oppositionen festzulegen, ist jedoch auch für die Grammatikschreibung ein schwieriges Unterfangen, selbst wenn diese deskriptiv und nicht normativ ausgerichtet sein soll (Eisenberg 2006: 10):

> Die Sprache als Menge von wohlgeformten Einheiten und die Grammatik als Spezifikation der Regularitäten, die genau auf diese Menge von Einheiten passt und damit selbst zwischen grammatisch und ungrammatisch trennt, bringt die Möglichkeit von reiner Deskription ins Wanken. Im Deutschen gibt es tausende von Formvarianten und Doppelformen, die der Grammatikschreibung als sog. Zweifelsfälle entgegentreten.

Eisenberg (2006, 2013) erwähnt die *tun*-Periphrase unter den Temporalformen des Deutschen nicht. In DUDEN (2006) geschieht dies nur zum Teil: Es scheint, als ob es eine Frage des Grammatikalitätsgrades wäre, in welcher Form die *tun*-Konstruktion in die Grammatik der Standardsprache aufgenommen wird. Ist die *tun*-Periphrase Teil des (Tempus?-)Paradigmas? In Opposition zu welchen anderen Konstruktionen steht sie dann? In beiden Grammatiken wird stattdessen das Passiv ausführlich beschrieben. In keinem Satz des Deutschen ist jedoch eine Passivform obligatorisch. Die Mehrheit der Sprachen auf der Welt weisen sogar gar kein Passiv auf (Dryer/Haspelmath: WALS Online). Eisenberg (2013: 127) erklärt die Funktion des Passivs mit der Informationsstruktur. Das Objekt des Aktivsatzes kann durch eine Passivkonstruktion zum Topik des Satzes werden (5a), parallel zu der Möglichkeit, das Objekt ins Vorfeld zu stellen:

(4)　a. Der Präsident schlägt den Kanzler vor. Der Kanzler wird vom Parlament gewählt.

　　　b. Der Präsident schlägt den Kanzler vor. Den Kanzler wählt das Parlament.

Traugott (2003: 626) sieht "grammar as structuring communicative as well as cognitive aspects of language". Zur Grammatik gehören ihrer Ansicht nach auch Fokus- und Topikalisierungsstrukturen, Deixis und diskursstrukturierende Elemente. Diewald (2010) präzisiert diese Ansicht dahingehend, dass es für sie die deiktische Komponente ist, die die Grammatik ausmacht. Wie Pronomina, Tempus, Modus oder Aspekt vom Sprecher, der Origo, ausgehen und sich durch diese definieren, so dient auch Kasusmarkierung der Herstellung von Relationen zu den anderen Teilen der Struktur, abhängig von der Perspektive der Origo. In Kapitel 1 ist dies als ‚logischer Inhalt' bezeichnet worden. Für Diewald/Smirnova (2012) ist ein vierter Kontexttyp – neben dem isolierenden, dem untypischen und dem kritischen Kontext – anzunehmen, in dem das sprachliche Zeichen durch seine deiktische Komponente in Bezug zu den anderen Mitgliedern des Systems (diese können synthetische oder analytische Formen sein oder eben Konstruktionen) gebracht wird. In diesem vierten Kontext ist nicht die Abfolge der Elemente wichtig, wie in den anderen Kontexten, sondern die paradigmatische Relation zu den anderen Mitgliedern derselben Klasse. Da wird das neue Element in das Paradigma integriert und bildet eine Opposition zu den anderen Mitgliedern. Dieser Kontext wird ‚paradigmatische Integration' genannt. Nach dieser Auffassung ist Grammatik also ein viel flexibleres Geflecht als in der kodifizierten Grammatik angenommen. Demzufolge fallen darunter auch viele Strukturen, die bislang unberücksichtigt geblieben sind, weil, um sie zu erklären, auch die Pragmatik berücksichtigt werden müsste. Das ist vielleicht auch der Grund, warum Modalpartikeln lange als Elemente der gesprochenen Sprache angesehen und erst in den letzten Jahren auch in die Grammatikbeschreibung aufgenommen wurden. Es bleibt noch abzuwarten, wie tragfähig ein solches Konzept der Grammatik in der Grammatikalisierungforschung ist. Die Forschung tendiert zurzeit dazu, Grammatik als Inventarium von Konstruktionen anzusehen. In ihrer neuesten Publikation nennen Traugott/Trousdale (2014) den Prozess, in dem Konstruktionen Teil der Grammatik werden, *constructionalization* (Konstruktionalisierung). Die Frage wird sein, welche Grenzen Konstruktionen im Vergleich zu anderen Strukturen gesetzt sind.

Literatur

Aus Platzgründen wird hier auf die Auflistung der Primärliteratur verzichtet. Die Abkürzungen sowie die verwendeten Editionen bei den von mir herangezogenen Daten finden Sie auf www.kegli-online.de.

Abraham, Werner (1997): The interdependence of case, aspect and referentiality in the history of German: the case of verbal genitive. In: Nigel Vincent/Ans van Kemenade (Hrsg.) Parameters of morphosyntactic change. Cambridge: Cambridge University Press, 29-61.

Abraham, Werner (2000a): Das Perfektpartizip: Seine angebliche Passivbedeutung im Deutschen. Zeitschrift für germanistische Linguistik 28, 141-166.

Abraham, Werner (2000b): Überlegungen zum Passiv im Deutschen und anderen Sprachen. ‚Argumenthypothese' und ‚Aspekthypothese'. ZAS Papers in Linguistics 15, 1-35.

Abraham, Werner (2000c): Modal particles in German: Word classification and legacy beyond grammaticalisation. In: Petra M. Vogel/Bernard Comrie (Hrsg.) Approaches to the typology of word classes. Berlin: de Gruyter, 321-350.

Albrecht, Jörn (1990): „Substandard" und „Subnorm". Die nichtexemplarischen Ausprägungen der „Historischen Sprache" aus varietätenlinguistischer Sicht. In: Günter Holtus/Edgar Radtke (Hrsg.) Sprachlicher Substandard III. Tübingen: Niemeyer, 44-127.

Bayer, Josef (1984): COMP in Bavarian syntax. The Linguistic Review 3, 209-274.

Behaghel, Otto (1923/1932): Deutsche Syntax. Bd. I-III. Heidelberg: Carl Winter's Universitätsbuchhandlung.

Bergs, Alexander / Gabriele Diewald (2008): Constructions and Language Change. Berlin: Mouton de Gruyter.

Breindl, Eva (2004): Polysemie und Invarianz bei Konnektoren: allerdings und andere Kontrastmarker. In: Inge Pohl/Klaus-Peter Konerding (Hrsg.) Stabilität und Flexibilität in der Semantik. Strukturelle, kognitive, pragmatische und historische Perspektiven. Frankfurt am Main: Lang, 171-197.

Breindl, Eva (2009): Intensitätspartikeln. In: Ludger Hoffmann (Hrsg.) Handbuch der deutschen Wortarten. Berlin: de Gruyter.

Bühler, Karl (1934/1999): Sprachtheorie. Die Darstellungsfunktion der Sprache. Jena: G. Fischer. (3. Aufl., Stuttgart: G. Fischer, 1999).

Bybee, Joan et al. (1994): The evolution of grammar: Tense, aspect, modality in the languages of the world. Chicago: University of Chicago Press.

Campbell, Lyle (2001): What's wrong with grammaticalization? Language Sciences 23, 113-161.

Demske, Ulrike (2001): Grammatische Merkmale und Relationen. Diachrone Studien zur Nominalphrase des Deutschen. Berlin: de Gruyter.

Detges, Ulrich/Richard Waltereit (2002): Grammaticalization vs. Reanalysis. A semantic-pragmatic account of functional change in grammar. Zeitschrift für Sprachwissenschaft 21, 151-195.

Diewald, Gabriele (1997): Grammatikalisierung. Eine Einführung in Sein und Werden grammatischer Formen. Tübingen: Niemeyer.

Diewald, Gabriele (2002): A model for relevant types of contexts in grammaticalization. In: Ilse Wischer/Gabriele Diewald (Hrsg.) New reflections on grammaticalization. Amsterdam: Benjamins, 103-120.

Diewald, Gabriele (2010): On some problem areas in grammaticalization theory. In: Katerina Stathi et al. (Hrsg.) Grammaticalization: Current views and issues. Amsterdam: Benjamins, 17-50.

Diewald, Gabriele/Elena Smirnova (2012): "Paradigmatic Integration": The fourth stage in an expanded grammaticalization scenario. In: Davidse Kristin et al. (Hrsg.) Grammaticalization and language change. Amsterdam: Benjamins, 111-133.

Doyle, Aidan (2002): Yesterday's affixes as today's clitics. In: Ilse Wischer/Gabriele Diewald (Hrsg.) New Reflections on Grammaticalization. Amsterdam: Benjamins, 67-81.

Dryer, Matthew S./Martin Haspelmath: WALS Online (www.wals.info).

DUDEN (2006) Die Grammatik. 7. Auflage. Mannheim: Dudenverlag.

Ebert, Robert P. (1978): Historische Syntax des Deutschen. Stuttgart: Metzler.

Ebert, Robert P. et al. (1993): Frühneuhochdeutsche Grammatik. Tübingen: Niemeyer.

Ebert, Karen (2000): Progressive markers in Germanic languages. In: Östen Dahl (Hrsg.) Tense and aspect in the languages of Europe. Berlin: Mouton de Gruyter, 605-653.

Eisenberg, Peter (2006/2013): Grundriss der deutschen Grammatik. Bd. 1 Das Wort. 3. Auflage. Bd. 2 Der Satz. 4., aktualisierte und überarbeitete Auflage Stuttgart: Metzler.

Fabricius-Hansen, Cathrin (2001): „Wi(e)der" and „Again(st)". In: Carolyn Féry/Wolfgang Sternefeld (Hrsg.) Audiatur vox sapientiae. A Festschrift for Arnim von Stechow. Berlin: Akademieverlag.

Ferraresi, Gisella (2011) Das Vorfeld als Baustelle des Deutschen: Wandel und Variation bei Konnektivadverbien. In: Gisella Ferraresi (Hrsg.) Konnektoren im Deutschen und im Sprachvergleich: Beschreibung und grammatische Analyse. Tübingen: Narr.

Ferraresi, Gisella (2013): Adverbkonnektoren und Modalpartikeln. Synchonie – Diachronie – L2-Erwerb. Heidelberg: Winter.

Fleischer, Jürg/Oliver Schallert (2011): Historische Syntax des Deutschen: Eine Einführung. Tübingen: Gunter Narr.

Fuß, Eric (2005): The rise of agreement. A formal approach to the syntax and grammaticalization of agreement. Amsterdam: Benjamins.

Fuß, Eric (2011): Eigennamen und adnominaler Genitiv im Deutschen. Linguistische Berichte 225, 19-42.

Goldberg, Adele (1995): A construction grammar approach to argument structure. Chicago: Chicago University Press.

Greenberg, Joseph H. (1978): How does a language acquire gender markers? In: Joseph H. Greenberg et al. (Hrsg.) Universals of human language. Stanford: Stanford University Press, III: 47-82.

Haspelmath, Martin (1989): From purposive to infinitive – a universal path of grammaticalization. Folia Linguistica Historica 10, 287–310.

Heine, Bernd (2002): On the role of context in grammaticalization. In: Ilse Wischer/Gabriele Diewald (Hrsg.) New Reflections on Grammaticalization. Amsterdam: Benjamins, 83-101.

Heine, Bernd et al. (1991): Grammaticalization: A conceptual framework. Chicago: University of Chicago Press.

Hentschel, Helke (1986): Funktion und Geschichte deutscher Modalpartikeln. Ja, doch, halt und eben. Tübingen: Niemeyer

Himmelmann, Nikolaus (1997): Deiktikon, Artikel, Nominalphrase. Zur Emergenz syntaktischer Struktur. Tübingen: Niemeyer.

Hinterhölzl, Roland/Svetlana Petrova (2010): From V1 to V2 in West Germanic. Lingua 120, 315-328.

Hole, Daniel (2002): Er hat den Arm verbunden – Valenzreduktion und Argumentvermehrung im Haben-Konfigurativ. In: Japanische Gesellschaft für Germanistik (Hrsg.) Grammatische Kategorien aus sprachhistorischer und typologischer Perspektive. Akten des 29. Linguisten-Seminars (Kyoto 2001). München: Iudicium, 167–186.

Hopper, Paul J./Elizabeth C. Traugott (1993/2003): Grammaticalization. Cambridge: Cambridge University Press.

Humboldt, Wilhelm von (1822): Über das Entstehen der grammatischen Formen und ihren Einfluß auf die Ideenentwicklung. Abhandlungen der Akademie der Wissenschaften zu Berlin. Reprint: Humboldt 1972, 31-63.

Kirschbaum, Ilja (2002): Intensivierer im Deutschen. Diss. Heinrich-Heine-Universität Düsseldorf.

Kotin, Michael (2000): Zur Diachronie des Verbs ‚werden': Vollverb – Kopula – Auxiliar. ZAS Papers in Linguistics. Ewald Lang et al. (Hrsg.) Bd. 16, Berlin: Zentrum für Allgemeine Sprachwissenschaft, Typologie und Universalienforschung, 134-168.

Lahiri, Aditi (2000): Hierarchical restructuring in the creation of verbal morphology in Bengali and Germanic: Evidence from phonology. In: Aditi Lahiri (Hrsg.) Analogy, levelling, markedness: Principles of change in phonology and morphology. Berlin: Mouton de Gruyter, 71-123.

Lakoff, George/Mark Johnson (1980): Metaphors we live by. Chicago: University of Chicago Press. (Deutsche Übersetzung: Leben in Metaphern. Konstruktion und Gebrauch von Sprachbildern. 4. Aufl. Heidelberg: Carl-Auer-Systeme-Verl., 2004).

Langacker, Ronald W. (1977): Syntactic reanalysis. In: Charles N. Li (Hrgs.) Mechanisms of syntactic change. Austin: University of Texas Press, 57-139.

Langer, Niels (2001): Linguistic purism in action. How auxiliary tun was stigmatised in Early New High German. Berlin: de Gruyter.

Lehmann, Christian (1982/1995): Thoughts on grammaticalization. Munich: Lincom Europa.

Lehmann, Christian (2004): Theory and method in grammaticalization. Zeitschrift für Germanistische Linguistik 32, 152-187.

Leiss, Elisabeth (1992): Die Verbalkategorie des Deutschen. Berlin: de Gruyter.

Leiss, Elisabeth (1994): Die Entstehung des Artikels im Deutschen. Sprachwissenschaft 19, 307-319.

Leiss, Elisabeth (2000): Artikel und Aspekt. Die grammatischen Muster von Definitheit. Berlin: De Gruyter.

Levinson, Stephen (2000): Presumptive meanings. Cambridge: Cambridge University Press.

Löbner, Sebastian (1985): Definites. Journal of Semantics 4, 279-326.

Löbner, Sebastian (2002): Understanding semantics. London: Arnold.

Lühr, Rosemarie (2008): Wiederaufnahme durch den Artikel im Althochdeutschen: Zur Akzentuierung von Definita. In: Yvon Desportes et al. (Hrsg.) Die Formen der Wiederaufnahme im älteren Deutsch. Berlin: Weidler, 101-116.

Lyons, John (1977/1983): Semantics. Volume II. Cambridge: Cambridge University Press. Deutsch: Semantik. Band 2. München: Beck.

Maienborn, Claudia (2007): Das Zustandspassiv: Grammatische Einordnung – Bildungsbeschränkungen – Interpretationsspielraum. Zeitschrift für Germanistische Linguistik 35, 83-115.

Meillet, Antoine (1912): L'évolution des formes grammaticales. Scientia (Rivista di Scienza) 12, No. 26.6. Reprinted in A. Meillet 1958, Linguistique historique et linguistique générale, 130-148. Paris: Champion.

Musan, Renate (2010): Informationsstruktur. KEGLI 9. Heidelberg: Winter.

Newmeyer, Frederick J. (2001): Deconstructing grammaticalization. Language Sciences 23, 187-229.

Nübling, Damaris (2005): Von in die über in'n und ins bis im. Die Klitisierung von Präposition und Artikel als „Grammatikalisierungsbaustelle". In: Torsten Leuschner et al. (Hrsg.) Grammatikalisierung im Deutschen. Berlin: de Gruyter, 105-131.

Öhl, Peter (2009): Die Entstehung des periphrastischen Perfekts im Deutschen – Eine längst beantwortete Frage? Zeitschrift für Sprachwissenschaft 28.2., 265-306.

Oubouzar, Erika (1992): Zur Ausbildung des bestimmten Artikels im Althochdeutschen. In: Yvon Desportes (Hrsg.) Althochdeutsch. Syntax und Semantik. Akten des Lyoner Kolloquiums zur Syntax und Semantik des Althochdeutschen. 1.-3. März 1990. Lyon: Université Lyon III Jean Moulin, 71-87.

Oubouzar, Erika (2000): Zur Entwicklung von ein in der Nominalgruppe des Althochdeutschen. In: Yvon Desportes (Hrsg.) Zur Geschichte der Nominalgruppe im älteren Deutsch. Festschrift für Paul Valentin. Heidelberg: Winter.

Paul, Hermann (2007[25]): Mittelhochdeutsche Grammatik. Tübingen: Niemeyer.

Philippi, Julia (1997): The rise of the article in the Germanic Languages. In: Ans van Kemenade/Nigel Vincent (Hrsg.) Parameters of morphosyntactic change. Cambridge: Cambridge University Press, 62-93.

Pittner, Karin (2000): Process, event and wieder 'again'. In: Cathrine Fabricius-Hansen et al. (Hrsg.) Approaching the Grammar of Adjuncts. ZAS Papers in Linguistics 17, 203-216.

Pittner, Karin (2009): Wieder als Modalpartikel. Zeitschrift für germanistische Linguistik 37, 297-314.

Pottelberge, Jeroen van (2005): Ist jedes grammatische Verfahren Ergebnis eines Grammatikalisierungsprozesses? Fragen zur Entwicklung des am-Progressivs. In: Torsten Leuschner et al. (Hrsg.) Grammatikalisierung im Deutschen. Berlin: de Gruyter, 169-191.

Roberts, Ian/Anna Roussou (2003): Syntactic change: A minimalist approach to grammaticalization. Cambridge: Cambridge University Press.

Rostila, Jouni (2006): Storage as a way to grammaticalization. Constructions 1/2006 (www.constructions-online.de).

Rothstein, Björn (2007): Tempus. KEGLI 5. Heidelberg: Winter.

Sahel, Said/Ralf Vogel (2013): Einführung in die Morphologie des Deutschen. Darmstadt: Wissenschaftliche Buchgesellschaft.

Schleicher, August (1860): Die deutsche Sprache. Stuttgart: Cotta.

Schlucker, Barbara (2009): Passive in German and Dutch: The *sein/zijn* past participle construction. Groninger Arbeiten zur Germanistischen Linguistik 49, 96-124.

Siewierska, Anna (2004): Person. Cambridge: Cambridge University Press.

Sczepaniak, Renata (2009): Grammatikalisierung. Tübingen: Niemeyer.

Skirl, Helge/Monika Schwarz-Friesel (2007): Metapher. KEGLI 4. Heidelberg: Winter.

Stutterheim, Christiane von/Antje Roßdeutscher (2006): Semantische und pragmatische Prinzipien bei der Positionierung von *dann*. Linguistische Berichte 205, 29-60.

Thurmair, Maria (1991): Zum Gebrauch der Modalpartikel ‚denn' in Fragesätzen. Eine korpusbasierte Untersuchung. In: Eberhard Klein (Hrsg.) Betriebslinguistik und Linguistikbetrieb: Akten des 24. Linguistischen Kolloquiums, Univ. Bremen, 4.- 6. 9.1989. Bd. 1. Tübingen: Niemeyer, 377-387.

Traugott, Elizabeth Closs (1988): Pragmatic strengthening and grammaticalization. Proceedings of the Fourteenth Annual Meeting of the Berkeley Linguistics Society, 406-416.

Traugott, Elizabeth Closs (1989): On the rise of epistemic meaning in English. Language 57, 33-65.

Traugott, Elizabeth Closs (1997): The role of the development of discourse markers in a theory of grammaticalization. Manuskript, Paper presented at ICHL XII, Manchester 1995, Version of 11/97.

Traugott, Elizabeth Closs/Bernd Heine (Hrsg.) (1991): Approaches to grammaticalization. Amsterdam: Benjamins.

Traugott, Elizabeth Closs/Ekkehard König (1991): The semantics-pragmatics of grammaticalization revisited. In: Elizabeth Closs Traugott/Bernd Heine (Hrsg.): Approaches to Grammaticalization. Vol 1: Focus on theoretical and Methodological Issues. Amsterdam: Benjamins, 189-218.

Traugott, Elizabeth Closs/Richard B. Dasher (2002): Regularity in semantic change. Cambridge: Cambridge University Press.

Traugott, Elizabeth Closs/Graeme G. Trousdale (2014): Constructionalization and constructional changes. Oxford: Oxford University Press.

Vogel, Petra M. (2007): Anna ist essen! Neue Überlegungen zum Absentiv. In: Ljudmila Geist/Björn Rothstein (Hrsg.) Kopulaverben und Kopulasätze: Intersprachliche und intrasprachliche Aspekte. Tübingen: Niemeyer, 253-284.

Wegener, Heide (2002): The evolution of the German modal particle *denn*. In: Ilse Wischer/Gabriele Diewald (Hrsg.) New Reflections on Grammaticalization. Amsterdam: Benjamins, 379-394.

Weiß, Helmut (1998): Die Syntax des Bairischen. Studien zur Grammatik einer natürlichen Sprache. Tübingen: Niemeyer.

Weiß, Helmut (2002): Three types of negation: a case study in Bavarian. In: Sjef Barbiers et al. (Hrsg.) Syntactic Microvariation. Meertens Institute Electronic Publications in Linguistics, 305-332.

Weiß, Helmut (2004) Zum linguistischen Status von Standardsprachen. In: Kozianka, Maria et al. (Hrsg.) Indogermanistik – Germanistik – Linguistik. Akten der Arbeitstagung der Indogermanistischen Gesellschaft. Hamburg: Dr. Kovac, 591-643.

Zifonun, Gisela et al. (1997): Grammatik der deutschen Sprache. Berlin: de Gruyter.

Zimmermann, Malte (2011): Discourse particles. In: Paul Portner et al. (Hrsg.) Semantics. Berlin: Mouton de Gruyter, 2011-2038.

Glossar

Änderungskontext: Der sprachliche Kontext, in dem die aufgrund von Inferenzen entstandene neue Bedeutung einer Struktur mit der alten Bedeutung nicht mehr kompatibel ist.

Aspekt: Die Innenperspektive bei Verben. Das Ereignis wird in seinem Geschehen betrachtet. Die zeitliche Abfolge ist irrelevant.

Brückenkontext: Der sprachliche Kontext, der durch Inferenzen zu einer neuen Bedeutung führt.

Fügungsenge: Einer der Parameter, die einen Hinweis auf Grammatikalisierung geben: Das grammatikalisierte Zeichen ist im Paradigma enger verwurzelt und unterliegt in höherem Maße den Beschränkungen der Klasse als das Spenderlexem.

Freie Morpheme: Morpheme, die frei vorkommen. Sie sind phonologisch unabhängig.

Gebundene Morpheme: Morpheme, die nicht frei vorkommen, sondern ein anderes Wort brauchen, an das sie angehängt werden.

Grammem: Grammatische Formen und Konstruktionen, die unabhängig von der morpho-syntaktischen Realisierung die gleiche grammatische Bedeutung tragen. Z.B.: Futurgrammeme sind das periphrastische *werden* + INF im Deutschen, das synthetische Futur im Französischen, *will/going to* + INF im Englischen, usw.

Integrität: Einer der Parameter, die einen Hinweis auf Grammatikalisierung geben: Das grammatikalisierte Zeichen verliert an phonologischer Substanz und wird semantisch entleert. Seine phonologische und semantische Integrität nimmt im Vergleich zum Spenderlexem ab.

Lexikalische Kategorie: Verben, Nomen, Adjektiven und Adverbien. Sie haben eine lexikalische Bedeutung und werden durch grammatische Elemente im Satz verbunden.

Metapher: Eine Übertragung von Ähnlichkeits-merkmalen, häufig von einer konkreten auf eine abstrakte Bedeutung.

Metonymie: Ein Teil steht für das Ganze: Körperteile oder Eigenschaften für den Menschen, Inhalt für Gefäß, usw.

Paradigma: Die Menge der Formen, die zu einer grammatischen Kategorie gehören und die in Opposition zueinander stehen.

Paradigmatisierung: Einer der Parameter, die einen Hinweis auf Grammatikalisierung geben. Das grammatikalisierte Zeichen wird Teil des Paradigmas und steht in Opposition zu den anderen Mitgliedern desselben.

Pragmatische Anreicherung: Das grammatikalisierte Zeichen verliert an lexikalischer Bedeutung, gewinnt jedoch an pragmatischer Bedeutung, wie z.B. die kausale Subjunktion *weil*, die aus dem Substantiv *Weile* entstanden ist. Es ist der Sprecher, der zwei Ereignisse in eine kausale Relation bringt.

Reanalyse: Abfolgen von Phonemen, Morphemen oder Wörtern werden von manchen Sprechern anders segmentiert, sodass daraus ein neues Wort, eine neue Form oder eine neue Bedeutung entsteht.

Semantische Abschwächung: Das grammatikalisierte Zeichen verliert an lexikalischem Inhalt.

Skopus: Einer der Parameter, die einen Hinweis auf Grammatikalisierung geben. Das grammatikalisierte Zeichen hat einen kleineren Wirkungsbereich (oder Skopus) innerhalb des Satzes oder der Phrase, in der es benutzt wird, als das Spenderlexem.

Subjektivierung: Der zunehmende Bezug zum Sprecher als Origo, von der aus gesehen zur Sprechzeit Ereignisse beschrieben werden.

Telische Verben: Verben, deren Bedeutung ein natürliches Ende beinhaltet, wie z.B. *sterben, aufessen, ankommen*.

Wählbarkeit: Das grammatikalisierte Zeichen ist als Teil des Paradigmas nur bedingt einsetzbar.

Sachregister